최초는 짧고
최고는 길다

김영순 서울시 최초 여성 구청장의
알파우먼 성공 멘토링 40

# 최초는 짧고
# 최고는 길다

김영순 지음

위즈덤하우스

# '알파걸 전성시대'에 부쳐

얼마 전 송파구에 사는 중년의 남자 교수님과 밥을 먹게 되었다. '여성 구청장'이라는 타이틀을 달고 있다 보니 이런 자리에서는 주로 여성정책이 화제에 오른다. 재미있는 것은 남성들과 여성정책에 대해 이야기하다 보면 열에 아홉은 '여성 상위, 남성 역차별'을 토로한다는 점이다.

아내 말만 들어도 벌벌 떤다는, 소위 '기처가(알아서 기는 남편)'를 자처하는 이 교수님도 비슷했다. 교수님은 여성 상위 시대가 되어 남성들이 얼마나 꽉 잡혀 사는지, 여성들의 발언권이 얼마나 세졌는지 웅변조로 열거하고는, 그 근거 중 하나로 요즘 남편들 사이에 필수 지침으로 통한다는 '부부평화 유지를 위한 두 가지 수칙'을 들려주었다. 그것은 "첫째, 아내 말은 옳다. 둘째, 아내 말이 정녕 옳지 않을 때는 첫 번째 룰을 기억하라"는 것이다. 대단히 괜찮은(!) 수칙이었다. 교수님은 그 수칙을 들려주면서 이토록 힘들게 살아가는 남성들을 위한 정책에도 신경을 써줄 것과, 아울러 남편에게 따뜻하게 대해달라는 형제애적 당부를 덧붙였다.

많은 사람이 내가 여성 구청장이라는 이유로 여성을 위한 정책에만 치중하는 것은 아닌지 묻곤 한다. 솔직히 말하자면 반은 맞고 반은 틀리다. 여성부 전신인 정무2실 차관 시절에도, 정당에서 여성국장으로 일하던 시절에도, 그리고 구청장으로 일하는 요즘도 여성을 위한 정책을 발굴하고 구체화하는 것이 나의 주된 관심사다. 하지만 그보다 중요한 것은 그런 정책 발굴이 여성만을 위한 일이 아니라는 사실이다.

앞서 식사를 같이한 교수님 말마따나, 우리나라 가정을 들여다보면 언뜻 여성들의 권한이 상당히 센 것처럼 보인다. 일단 많은 가정에서 아내가 '예산 편성 및 집행권'을 행사한다. 그리고 자녀교육, 가족행사 기획 등도 아내의 몫이다. 의사결정권이 아내에게 있다 보니 소소한 일까지 부인에게 물어봐야 한다는 남편들도 흔히 볼 수 있다.

사회적으로도 여성 파워가 연일 화제에 오른다. 2008년 행정고시에서 여성 합격자 수가 드디어 절반을 넘었다. 외무고시에서는 여성 합격자가 다수를 점한 지 한참 되었으며, 2009년에 임관된 판검사도 여성이 더 많았다. 언론들은 앞다퉈 '알파걸'들의 활약상을 조명하

며 여성 전성시대가 도래했다고 보도한다. 때마침 새로 발행된 5만
원권 화폐의 주인공으로 신사임당이 등장한 것도 이 '여풍당당(女風
堂堂)' 트렌드를 뒷받침하는 주요 사례로 추가되었다.

사회를 비추는 거울이라는 텔레비전 드라마에서도 여풍의 기세가
등등하다. 〈선덕여왕〉〈천추태후〉〈시티홀〉 등 2009년 브라운관을
달군 인기 드라마마다 약속이라도 한 듯 여걸들이 주인공으로 등장
해 천하를 호령한다. 가정에서도, 뉴스에서도, 드라마에서도 언뜻
세상이 여성을 중심으로 돌아가는 것처럼 보인다.

하지만 여성들이 체감하는 현실은 사뭇 다르다. 미디어라는 거울
은 사회의 아주 일부 외피만을 비추기 때문이다. 여성의 전반적인
권익과 삶의 질을 나타내는 지표들은 여전히 '기준점'을 한참 밑돌
고 있다.

2008년 세계경제포럼(WEF, World Economic Forum) 보고서에 따
르면, 우리나라의 성격차(性隔差) 지수는 세계 130개국 중 108위다(순
위가 낮을수록 남녀 간 불평등 정도가 심하다). 여성의 사회 참여와 지위
수준을 보여주는 유엔개발계획(UNDP, United Nations Development
Programme)의 여성권한척도(GEM, Gender Empowerment Measure)
역시 같은 해 108개 국가 중 68위로 하위권을 맴돌았다.

경제협력개발기구(OECD)가 펴낸 사회·노동 보고서에 따르면,
2008년 기준으로 우리나라 여성들은 남성들보다 임금을 평균 38퍼
센트 적게 받는다. 똑같은 일을 똑같은 시간 동안 한다고 할 때 남성

이 100만 원을 받는다면, 여성은 62만 원을 받는다는 것이다. 이 격차는 OECD 회원국 중 가장 크다. 참고로 회원국들의 평균 남녀 임금 차이는 18.8퍼센트다.

고용의 질 또한 여전히 낮다. 2008년을 기준으로 우리나라 여고생의 대학 진학률은 83퍼센트로 회원국 중 가장 높지만, 대졸 이상 고학력 여성 중 직장에 다니는 비율은 59퍼센트로 회원국 중 가장 낮다. 대학에 진학한 여성 83명 중 49명 정도만 직장에 다닌다는 것이다. 게다가 전체 일하는 여성 3명 중 2명은 비정규직이다.

한편 출산·양육기에 해당하는 30~34세 여성의 경제활동 참가율 역시 OECD 회원국 평균인 68.9퍼센트에 크게 못 미친다(2008년 기준). 2006년을 기준으로 3~5세 어린이의 보육시설 이용률은 33.9퍼센트에 불과해 회원국 평균인 73.5퍼센트를 한참 밑돌았다. 아이를 낳고 기르는 책임이 여성 개인에게 집중돼 있다는 증거다. 이 같은 부담은 출산율에도 영향을 미쳐, 우리나라 여성 한 명이 가임 기간(15~49세) 동안 낳는다고 예상되는 아기 수(합계출산율)는 평균 1.22명(2009 세계인구현황보고서)에 그친다. 회원국(평균 1.64명) 중 가장 적은 숫자다.

이렇게 통계 수치를 줄줄이 나열한 이유는, 이 수치가 우리나라 여성 인력의 활용이 대단히 소극적인 수준이며 그 지위 또한 열악함을 여실히 보여주는 증거이기 때문이다. 또 여성을 위한 사회적·관습적 지원이 여전히 불충분하다는 의미이기도 하다.

사회가 건강하게 유지되고 경제가 지속적으로 성장하려면 여성의 경제활동 참여율과 삶의 질을 끌어올려야 한다. 이를 위해서는 여성들이 직장 생활과 가사를 보다 수월하게 병행할 수 있는 여건을 만들어주어야 한다. 일하고픈 여성들이 얼마든지 일할 수 있고, 그에 따라 경제적·사회적 지위를 높여갈 수 있도록 가족과 사회의 지원을 받을 수 있어야 한다.

여성의 경제활동 참여와 삶의 질 향상은 단순히 여성에게만 해당되는 문제가 아니다. 여성과 남성 모두가 전체 사회를 구성하는 필수 불가결한 구성 요소라고 본다면, 여성의 경제활동 보장과 권익 향상은 사회의 발전과 직결되는 문제다.

그래도 경제·사회 발전과 여성의 사회 참여가 도대체 무슨 상관이냐는 의문이 든다면 양성평등의 천국이자 가족 친화적 복지국가의 대표 격인 노르웨이에서 그 답을 찾을 수 있다.

노르웨이의 경우 남녀 경제활동 참여율이 각각 77퍼센트와 72퍼센트다. 한국생산성본부가 OECD 보고서를 토대로 각국의 노동생산성을 비교한 결과를 보면, 2007년 노르웨이 근로자 1인당 부가가치 수준은 10만 909달러로 우리나라(5만 1,214달러)보다 두 배 정도 높고 미국(8만 9,400만 달러)보다도 20퍼센트 정도 높다. 반면 합계출산율은 1.9명으로 세계 최고 수준이다. 다양성과 차이를 수용할 수 있는 조직과 사회가 장기적·지속적 성장을 담보할 수 있다는 의미다.

때문에 나는 앞으로도 여성을 위한 정책을 개발하고 발전시킬 것이다. 이는 곧 모두를 위한 것이기도 하다. 남성과 여성이 세상의 중심에 나란히 설 수 있고, 사회적으로 다양성을 폭넓게 품어 안을 수 있는 사회야말로 우리가 지향해야 할 사회라고 확신하기 때문이다.

아울러 젊은 여성 후배들에게는 보다 치열하게 분발할 것을 당부하고 싶다. 오늘날 여성들에게는 과거 여성들은 상상도 할 수 없었던 세상이 도래했다. 양껏, 한껏 꿈을 펼칠 절호의 기회가 온 것이다. 하지만 모든 기회는 스스로 준비된 자에게만 의미가 있다. 일찍이 소크라테스도 "세상을 움직이려면 먼저 나 자신을 움직여야 한다"고 하지 않았던가. 따라서 여성들은 새로운 시대의 변화에 적극적으로 대처할 수 있도록 준비된 자세가 필요하다.

그동안 숱한 자리에서 여성 리더십을 주제로 강의할 기회가 있었다. 강의를 하며 만났던, 발랄하고 야심만만한 젊은 여성들은 하나같이 역할 모델을 갈망했다. 그리고 직장에 다니는 여성들은 조직에서 개인적으로 성장하는 동시에 상사, 동료, 부하직원들과 함께 발전할 수 있는 노하우를 열망했다. 하지만 내가 '서울 최초의 여성 구청장'이라는 타이틀을 달기까지 30여 년 동안 경험하고 깨달은 것을 강의라는 한정된 형태로 펼쳐 보이고 공유하는 것은 쉽지 않은 일이었다. 그런 이유로 나는 보다 많은 이야기와 경험과 깨달음을 많은 사람들과 함께할 수 있는 방법을 고민했는데, 그것은 바로 책을 쓰는 것이었다.

이 책은 가정과 직장이라는 두 마리 토끼를 좇으며 분투하며 살아온 한 여성의 기록인 동시에, 대한민국 여성들은 물론 남성들과도 함께 성공하고자 하는 열망의 표현이기도 하다. 바라건대 이 책을 읽는 분 모두가 일어나 나아가는 데 필요한 자극과 영감을 발견할 수 있었으면 한다. 그리하여 만만찮은 인생에 담대히 맞서고, 거침없이 꿈꾸며, 난관을 뛰어넘어 궁극의 목표를 이루기 위한 뜨거운 에너지를 만들어낼 수 있다면 더 바랄 것이 없겠다.

김영순

# 최초는 짧고 최고는 길다

뭔가 이루었다고 생각한 바로 그날,
우리는 실패에 대한 걱정을 시작해야 한다.
리치 티어링크

우리는 언론을 통해 '최연소' '최초'와 같은 타이틀을 많이 접하곤
한다. 그리고 '최연소 박사 ○○○'이라든가, '대한민국 최초 우주인
○○○' 같은 카피들은 우리의 시선을 사로잡는다. 하지만 이런 타이
틀이 따라붙은 당사자에게는 그것이 월계관인 동시에 가시관이다.
당사자로서는 최연소나 최초라는 영예에 비례하여 책임감과 부담감
이 부상으로 주어지기 때문이다. 2008년 올림픽에서 한국인 최초로
수영 종목에서 금메달을 딴 박태환 선수가 2009년 세계선수권대회

에서 예선 탈락이라는 충격을 겪은 것도 이를 보여주는 단적인 사례다. 이른바 '희귀 효과'로 스포트라이트를 받지만 쏟아지는 관심의 이면에 있는 엄격한 감시의 시선도 견뎌내야 하는 부담이 만만찮은 것이다.

2006년 5·31 지방선거에서 당선되어 서울에서 첫 여성 구청장이 되었을 때, 한 지인이 축하카드에 "영광과 부담을 그대에게"라고 적어 보냈다. 정말이지 당시 나의 심정을 기가 막히도록 정확하게 압축한 말이었다. 선거 당시 송파구는 단연 초미의 관심 지역이었다. 서울에서 여성 기초단체장 1호를 내겠다는 당의 전략적 공천을 받은 나는 현역 구청장을 비롯한 남성 경쟁후보 4명과 맞붙었다. '서울 지역 최초의 성(性) 대결!' '현직과 전략공천 간 결투!' 등 선정적 기사가 쏟아졌다. 선거운동 과정에서도 도를 넘어선 말들이 떠돌기도 했다. "송파구 남자들은 모두 어디로 갔느냐!"는 한탄에서부터 "여자가 구청장이 되도록 놔둘 수 없다!!"는 성차별적 발언에 이르기까지, 각종 선동이 여기저기서 떠돌았다.

결과는 나의 승리였지만, 그 승리가 남달랐던 것은 선거 전의 접전 예상과 각종 선동이 무색할 정도로 압도적인 표 차이가 났기 때문이다. 주민들은 '여성 구청장'으로 상징되는 새로움과 참신함을 택했다. 덕분에 나는 서울 최초로 유일한 여성 구청장이라는 화려한 타이틀을 달고 송파구를 품에 안게 되었다.

하지만 기쁨과 영광은 순간이었고, 진짜 도전은 그때부터였다. 서울 최초의 여성 기초단체장이라는 타이틀과 압도적인 표 차라는 영광은 당선 즉시 부담과 책임감으로 바뀌었다. 인구 69만 명의 거대 도시 송파구는 기초자치구이지만 주민의 숫자로는 광역에 버금가는 곳이고, 그만큼 이해와 요구가 다양했다.

특히 송파구는 1988년 강동구에서 분리된 이후부터 초창기 멤버들을 중심으로 내부 결속이 대단했다. 보수적인 공무원 조직에서 현직 구청장을 누르고 등장한 여성 구청장에 대해, 점잖은 말로는 '전략공천', 시쳇말로는 '낙하산 공천'이라며 삐딱한 눈초리를 보내는 사람들도 적지 않았다. 어디를 가나 '어디, 어떻게 하나 보자'는 무언의 시선이 따라다녔다.

한편 서울 최초 여성 구청장이라는 자리는 앞으로 대한민국 여성의 미래와 직결된 시험대이기도 했다. 서울에서도 인구가 가장 많은 송파구에서 여성인 내가 능력을 인정받으면 단체장은 물론 사회 각 분야에 여성들이 진출할 여지를 넓힐 수 있기 때문이다.

영광과 부담, 찬사와 견제 사이에서 떠올랐던 생각은 "길이 끝나는 곳에서 새롭게 길이 시작된다"는 것, "최초는 짧게 끝나버리지만 최고는 긴 시간에 걸쳐 이루어진다"는 것이었다. 그래서 고단했던 선거 기간의 여정을 뒤로 하고 새롭게 마음을 추스르기로 했다. 나는 스스로 용기를 북돋우며 의지를 불태웠다. '반드시 모범 사례, 성공 사례가 되고 말리라. 그리하여 세상이 깜짝 놀랄 '황금 낙하산'임을 꼭 보여주리라'고 각오를 다졌다.

그렇게 다시 시작하는 마음으로 각오를 다지자 자신감도 커졌다. 정무차관을 지내며 쌓은 리더십과 행정 경험은 내가 언제든 의지할 수 있는 언덕이었다. 여성의 강점인 섬세함과 꼼꼼함이 비장의 무기가 되리라는 믿음도 있었다. 지방행정은 주민의 세밀한 요구에 부응하는 것이 중요한 만큼, 타인을 살피고 돌보고 감동시키는 여성적 자질이 힘을 발휘할 수 있다는 확신이 섰다.

취임 첫날부터 그동안 시도되지 않은 새로운 발상, 전국으로 확산될 수 있는 혁신적 정책들을 개발하고 추진하는 데 주력했다. 아토피 없는 친환경 어린이집, 가임여성 수영장 이용료 할인, 우측보행 캠페인, 여성이 행복한 도시 프로젝트 등…. 구민들은 섬세하고 감성적인 여성적 프리즘으로 만들어낸 새로운 정책들에 금세 호응을 보였다. 그리고 이런 정책들이 구민들에게서 좋은 반응을 얻자, 서울시와 전국의 다른 지자체에서도 이와 유사한 정책들을 도입했다. 취임 전후 곱지 않은 시선으로 나를 바라보던 사람들은 이런 정책적 노력과 결실을 보고 차츰 달리 생각하는 것 같았다. 한 구의원은 "솔직히 여자라는 점이 탐탁지 않았는데, 남자보다 잘하더라"고 말하며 격려해주기도 했다.

하지만 여성이 넘어야 할 우리 사회의 장벽은 여전히 두텁다. 물론 요즘은 21세기가 여성의 시대니, 알파걸이 뜬다느니 하면서 사회적으로 여풍을 조명하는 소리가 요란하다. 그동안 외롭게 고군분투해온 여성들을 생각하면 격세지감이 느껴질 정도다. 그러나 2009년에 들어서도 'KTX 여성 기장 1호' '여성 경무관 1호' 등 '최초의 여성'이라는 것이 뉴스거리가 되는 실정이다. 아직도 여성이 넘어야 할 장벽이 높다는 방증인 것이다. 여성 리더가 여전히 희귀종에 속하는 우리 사회의 유리천장은 공고하기만 하다.

지금도 인터뷰를 할 때면 빠짐없이 이런 질문들을 해온다.

"홍일점 구청장으로 일하는 게 부담스럽지 않은가요?"

그때마다 나는 호탕하게 웃으며 그렇지 않다고 대답하지만, 솔직히 털어놓자면 언제나 '부담 백배'다. 내 가슴속에는 내가 잘해야 더 많은 후배에게 길이 열린다는 책임감과, 그렇기에 누구도 범접하지 못할 실력과 내공을 갖춰야 한다는 준엄한 부담감이 언제나 자리한다. 이는 나만이 아니라 첫 테이프를 끊은, 없는 길을 만들어가는 사람들이라면 누구나 지고 가는 십자가이기도 하다.

오늘도 고군분투하고 있을 여성들과 꼭 나누고픈 구절이 있다. 그것은 힐러리 클린턴 미 국무장관이 2008년 대선 후보 경선에서 패배한 후 자신을 지지했던 1,800만 명의 유권자들에게 연설한 내용 중 일부다.


우리는 가장 높고 가장 단단한 유리천장을 깨뜨리는 데는 실패했지만, 그 천장에 금 1,800만 개를 냈습니다. 그리고 금이 간 유리천장 사이로 환한 희망의 빛이 새어 나오고 있습니다. 다음번에는 한층 수월하게 유리천장을 깨뜨릴 수 있다는 것을 우리는 압니다.

참으로 가슴이 찡해지는 이야기다. 그렇다. 먼저 길을 나선, 먼저 고지에 올라선 이들이 발군의 실력과 강철 같은 열정으로 유리천장에 균열을 내고 이를 힘차게 쿵쿵 들이받아야 한다. 오늘보다 내일, 내일보다 모레에 더 많은 틈이 생길 것이며 언젠가는 그 천장이 와장창 소리를 내며 눈꽃처럼 부서져 내릴 것이라는 믿음으로 말이다.

이 순간에도 나는 1호보다 1인자로, 최초보다 최고로 남아야겠다는 각오를 또 한 번 다진다. 재능 있는 여성 후배들이 나보다는 조금 더 편하게 길을 걸을 수 있기를 바라며.

# 완벽한 준비보다
# 빠른 시도가 낫다

"이봐, 해보기나 했어?"
정주영

독일의 콜 총리가 프랑크푸르트를 방문했다가 시민들로부터 토마토 세례를 받았다. 토마토를 뒤집어쓴 콜 총리는 옆에 있던 시장에게 하소연했다. "사람들이 우리에게 왜들 그러는지 모르겠소. 우린 아무것도 한 게 없는데 말이오."

1980년대 독일에서 인기를 끌었던 유머 '콜 시리즈'의 한토막이다. 독일 통일의 위업을 달성한 헬무트 콜 전(前) 총리를 조금 모자라는 인물로 묘사한 이 시리즈는 독일을 넘어 글로벌 유머가 되었다. 콜 전 총리는 전 세계적 놀림감이 된 것에 대해 "나 하나 바보가 되어 독일 국민이 기쁘다면 기꺼이 바보로 남겠다" 했다고 한다. 진짜 속내야 어떻든 실로 근사한 답변이다.

20세기의 해묵은 유머를 이렇게 새삼 꺼내는 이유는 이 이야기에 내재된 문제의식이 여전히 유효하기 때문이다. 여기에는 바로 관료사회의 무사안일주의에 대한 풍자가 담겨 있다. 기초자치단체의 장으로 있는 내게는 마치 방심하는 틈을 타 어깨에 내리꽂히는 죽비 소리처럼, 정신을 바짝 차리라는 이야기로 들린다.

흔히 공무원 조직에 대한 부정적 평가의 뜻으로 '복지부동' '철밥통'과 같은 표현을 쓰곤 한다. 이는 규정에 따라 기계적으로 일하고 행여 문제의 소지가 될 만한 일에는 나서지 않으며, 그저 정년이 될 때까지 가늘고 길게 지내려 하는 행동을 비판하는 말이다.

하지만 모든 공무원이 그런 것만은 아니다. 시간이 흐를수록 공무원들의 마인드도 상당히 개선되었다. 또 복지부동과 철밥통이라는 문제가 비단 공무원 사회에서만 통용되는 것은 아니다. 어떤 조직에서든 사람들은 가능한 한 나서지 않고 몸을 사리는 모습을 보이기 마련이다. 그리고 공무원들에 대한 국민들의 부정적 인식은 우리나라에서만 볼 수 있는 현상이 아니며, 최근의 일만도 아니다. 거의 모든 나라에서, 그리고 거의 모든 역사 속에서 공무원들은 대개 적극적이지 않고 보신(保身)을 추구하는 속성으로 묘사된다.

사실 '철밥통(鐵飯碗)'이란 단어는 중국에서 유래되었다. 중국이 개혁과 개방 정책을 시작한 1980년대에 중국인들은 아무리 무능해도 해고될 염려 없이 평생 일하는 국영기업 직원들을 가리켜 '철밥통'이라 불렀다. 국가의 총수도 여지없이 풍자의 도마에 오르는 독일에서도 공무원들의 보신주의는 언론의 단골 비판거리다.

이런 까닭에 나는 구청장에 취임하면서 취임일성으로 '접시론'을 내걸었다.

"접시가 깨질까 봐 설거지를 안 하는 것은 용납할 수 없다. 차라리 접시를 깨라. 대신 일하다 접시를 깨면 그 책임은 100퍼센트 내가 지겠다."

여기서 설거지는 공무원들에게 주어진 일이 아닌, 공무원들이 적극적으로 나서서 해야 할 일이다. 이런 일은 주어진 일보다 당연히 위험 부담이 크고 잘못되면 징계도 감수해야 한다. 문제가 생길 수도 있는 부담을 안고 나서서 일하려는 공무원은 거의 없다. 그래서 나는 그 위험 부담을 내가 지겠으니 적극적으로 나서달라고 요청한 것이다. 하지만 공무원 조직의 뿌리 깊은 관행을 하루아침에 바꾸기는 쉽지 않았다.

송파구의 방이·신천 지구 모텔촌도 바로 이 '방치된 설거지' 중 하나였다.

2006년 7월 취임 첫날, 나는 일에 대한 의욕과 설레는 마음으로 구청 3층에 있는 집무실 창가에 섰다. 커다란 유리창 너머로 도시의 풍경이 아름답게 펼쳐졌다. 처음에는 창 너머 도시 전체를 조망하다가 점차 세부적인 풍경들을 하나하나 눈에 익혀나갔다. 그러면서 머릿속으로는 앞으로의 도시 풍경을 그려보았다. 그런데 갑자기 어느 한 곳이 확 눈에 들어왔다. 시내 한복판에 모텔촌 간판이 우후죽순으로 서 있는 것이 아닌가. 화들짝 놀라 지도를 보니 송파의 명소인 석촌호수가 지척이요, 방이중학교가 인접한 곳이었다. 앞으로 제2롯데월드가 들어서면 그 아래로 네온사인이 요란하게 반짝이는 향락촌을 굽어보게 되는 형국이었다. 무엇보다 한창 예민한 사춘기 아이들의 코앞에서 모텔촌 전단지가 흩날리는 것을 그냥 넘길 수가 없었다.

이미 알려진 대로, 이곳 유흥촌은 그 유래가 복잡했다. 서울시는 88올림픽 당시 모자란 선수용 숙소를 감당하기 위해, 잠실종합운동장과 가까운 방이동과 신천동 지역에 보조금까지 주어가며 여관 건립을 장려했다. 이때 지어진 여관들은 1990년대를 거치면서 러브호텔 같은 퇴폐 위락시설로 변질되었다고 한다. 지역주민들에게 들어보니 학부모들은 이 모텔촌을 어떻게 할 수 없어 거의 체념했다고 한다.

그래서 일단 모텔촌의 영업 실태를 파악하기로 했다. 장사가 그리 잘 되는 상황은 아닌 듯했다. 하지만 눈으로 직접 확인하는 것이 확실할 것 같아 곧바로 수행비서를 비롯한 비서실 식구 몇 명과 더불어 주야로 모텔촌 잠행을 시작했다. 우리는 손님인 양 모텔을 둘러보며 분위기를 살폈다. 주차장을 돌며 자동차가 몇 대나 세워져 있는지도 일일이 세어봤다. 다행히 손을 못 댈 정도로 이곳 영업 상태가 호황은 아니었다.

대강 상황 파악을 끝내고, 9월 즈음 정기 국장단 회의에서 이 모텔촌을 어떻게 처리하면 좋을지 의견을 구했다. 하지만 아무도 말을 꺼내지 않았다. 한참 어색한 침묵이 흐른 끝에 한 국장이 주저하며 말했다. "그 문제는…, 대단히 어려운데요."

다들 말은 안했지만 다른 국장들도 이에 동의하는 눈치였고, 얼굴에는 '신참 구청장이 분위기 파악 못하고 덤벼든다'는 표정들이 역력했다.

국장들 외에 주변의 다른 사람들에게도 이곳 모텔촌을 없애려는 계획을 이야기했다. 그러나 대부분 반대하여, 나는 '내가 너무 순진한가' 하는 생각마저 들었다. 안팎으로 강한 반대에 부딪히면서 이 일을 너무 무리하게 밀어붙여서는 안 되겠다는 판단이 들어 잠시 더 생각해보기로 했다.

어느덧 시간이 흘러 새해가 왔다. 2007년 1월 1일, 구청장 취임 후 처음 맞는 새해인 만큼 각오가 남달랐다. 오랜만에 남편과 아침 식탁에 마주 앉아 이런저런 대화를 나누었다. 대화 도중에 그간 뇌리를 떠나지 않았던 모텔촌이 화제로 등장했다.

"그 모텔촌은 정말 없애고 싶어. 엄마 구청장으로 어린 학생들 보기도 부끄럽고, 모텔촌 자리에 다른 시설을 들이면 도시도 훨씬 근사해질 텐데 다들 안 된다고만 하니, 원…."

내 말에 남편이 갑자기 숟가락을 놓고 응수했다.

"해봐. 실패하는 게 두려워서 시도해보지도 않으면 되겠어? 오히려 이번 일은 실패하더라도 칭찬 받을 수 있는 일 아니야? 당신이나 당신 주변 사람들이 사적으로 이득을 얻겠다는 게 아니라 전체 구민을 위해서 하겠다는 거잖아."

그 순간 불쑥 용기를 얻었다. 모텔촌이라는 말을 꺼낸 후 처음 들은 긍정적인 반응이었기 때문이다. "해보라"는 남편의 말은 마치 죽은 자를 살리는 마법의 주문처럼, 잠시 잊고 있었던 의지를 다시 불러일으켰다. 하지만 여전히 반대가 만만치 않을 것이므로 좀더 치밀하게 계획을 세워야 했다. 구청 직원들에게 다시 이 이야기를 꺼내면 또 침묵만 흐를 게 뻔했다. 접근을 달리 해야 했다. 예전처럼 부드럽게 의견을 구하는 것이 아니라, 단호하고 강력하게 밀어붙이기로 결심했다.

"모텔촌을 반드시 없애야겠습니다. 방법을 강구하세요."

지성이면 감천이라 했던가? 강력하게 밀어붙이자 묘안이 나왔다. 그것은 '용적률'이라는 '당근'이었다. 모텔촌 일대의 지목은 상업지였다. 상업지는 허용 용적률이 800퍼센트인데 이 지역은 도로문제 등으로 용적률이 80~300퍼센트에 불과한 상황이었다. 또 층수 제한으로 건물 높이는 평균 6층이었다. 업종 변경을 조건으로 이 제한을 풀어주면 건물주들도 대형 건물 재건축으로 이익을 얻을 수 있으므로, 유흥가가 자연스럽게 정비되리라는 판단이 섰다. 때마침 나빠진 경기도 응원군이 되었다. 그동안 불황으로 투자비용을 회수하지 못했던 건물주들은 이 당근 정책을 환영했다.

이후 나는 서울시에 수차례 모텔촌을 정비할 필요성을 호소했고, 모텔촌 정비 프로젝트를 가동한 지 1년 6개월 만인 2008년 7월에 도시계획위원회에서 '올림픽로 지구단위계획 재정비 요구안'을 관철시킬 수 있었다. 그 내용은 방이동과 신천역 일대에 관광호텔을 제외한 숙박업소나 룸살롱, 무도장 같은 위락시설을 신설하지 못하도록 하고, 기존의 숙박·유흥업소에 대해서는 업종을 바꾸고 필지를 넓혀 건물을 재건축하면 용적률과 층수 제한을 파격적으로 완화해준다는 것이었다. 모텔촌이 자연스럽게 업무용 빌딩 단지로 탈바꿈할 수 있는 기회가 활짝 열린 것이다.

이 소식이 알려지자 방이중학교 교장선생님과 자모회 어머니들이 꽃다발을 들고 구청장실을 찾았다. 어머니들은 감격 어린 표정으로 거듭 고마움을 표시했다. 모텔촌 근처의 한 교회 목사님이 예배 시간에 "20년 기도 제목이 이루어졌다"며 교인들과 만세삼창을 했다는 이야기도 들려왔다. 하지만 나는 그 무엇보다도 반대와 부담을 무릅쓰고 꼭 필요한 사업을 해내고 말았다는 것이 가슴 벅차게 느껴졌다. 이것이 내게는 가장 값진 결과였다.

어떤 상황을 개선하기 위해 위험을 감수하는 용기가 공무원들에게만 필요한 것은 아니다. 누구에게나 이런저런 이유로 설거지를 미루어둔 접시가 한두 개쯤은 있기 때문이다. 당신은 위험을 감수해야 열매를 얻을 수 있는 일을 대할 때 어떤 자세로 임하는가? 주로 다음과 같은 생각들이 떠오르지는 않는가?

'귀찮은네 뭐 그런 깃까지…'

'괜히 건드렸다가 말썽이라도 생기면 어떡하지?'

'안 해도 아무도 모를 텐데, 뭘…'

'무슨 영광을 보겠다고 그걸 해.'

'에라, 모르겠다. 관두고 말지.'

이런저런 변명을 하며 팔을 걷어붙이기를 미룰수록, 접시에는 뽀얗게 먼지가 쌓이고 결국에는 접시를 버리는 일만 남는다. 지금 당신이 방치하고 있는 접시는 과연 무엇인지 생각해볼 일이다.

# 진짜 카리스마는
# 부드러움에서 나온다

나는 말괄량이 삐삐를 통해 힘이 있어도
그 힘을 남용하지 않을 수 있다는 걸 보여주고 싶었다.
아스트리드 린드그렌, 《말괄량이 삐삐》 작가

"여자는 태어나서 열여덟 살까지는 좋은 부모가 있어야 하고, 열여덟 살에서 서른다섯 살까지는 아름다운 외모가 필요하다. 서른다섯 살에서 쉰다섯 살까지는 성격이 좋아야 하며, 쉰다섯 살부터는 현금이 필요하다."

언젠가 《여자는 무엇으로 사는가》라는 책에서 봤던, 20세기 초 미국 최고의 엔터테이너로 활약했던 가수이자 코미디언 소피 터커가 한 말이다. 터커는 '여자에게 필요한 것'을 이렇게 정의했다. 책 내용은 잊었지만 이 문구만은 그럴듯하다 싶었는지 아직까지도 기억이 난다.

그러고 보니 우리나라에도 비슷한 유머가 회자된 적이 있다. 나도 얼마 진 만난 친구를 통해 이 유머를 들었다. 예전에는 '50대 여성에게 필요한 것 5가지'가 돈, 건강, 친구, 딸, 남편이었는데, 최근에는 경제 위기의 여파로 '돈, 머니, 현금, 캐시, 쩐(錢)'으로 바뀌었다는 것이다. 친구는 이 유머에 덧붙여 세간에 '시어머니 카리스마 유지법'이 함께 전해지는데 그 비결인즉슨 '입은 닫고 지갑은 여는 것'이라고 말해, 우리는 한참을 웃었다. 요는 동서고금을 막론하고 나이가 들수록 지갑이 두툼해야 위신이 선다는 것이다.

하지만 나는 이보다 마가렛 대처 전(前) 영국수상이 이야기한 '여성 카리스마 유지법'을 따르고 싶다. 대처는 "여성의 카리스마는 돈이나 명예가 아닌 내면과 외면에서 나온다"고 했다. '철의 여인'이라 불린 대처는 전쟁에서 희생당한 영국군 유가족 250여 명에게 일일이 친필로 위로 편지를 쓸 만큼, 따뜻한 배려로 국민의 마음을 사로잡은 리더이기도 했다. 최근 출판된 《시간을 정복한 여왕들》이라는 책에도 비슷한 조언이 있다. 미국의 여성 저널리스트가 쓴 책으로, 저자는 미국의 첫 여성 국무장관이었던 매들린 올브라이트를 비롯, 중년을 넘긴 후부터 자신의 매력과 장점을 살려 성공한 여성들을 관찰한 결과에 대해 이렇게 말했다.

"여성은 나이를 먹을수록 다른 사람을 매혹시키고 지배할 수 있는 부드러운 카리스마를 가질 수 있다. 거침없이 진실을 이야기하되, 품위를 잃지 말라. 젊은 사람의 미숙함을 탓하지 말고 원숙함으로 감싸라."

이 구절이 특히 눈에 들어온 이유는 아마도 '부드러운 카리스마' 때문일 것이다. 국어사전에 등재된 카리스마라는 단어는 '신의 은총'을 뜻하는 그리스어 'Khárisma'에서 유래한 말로, 대중을 심복시켜 따르게 하는 능력이나 자질이라고 정의되어 있다.

얼마 전까지만 해도 카리스마라고 하면 강렬한 기(氣)를 내뿜어 상대방의 기선을 제압하고, 찍 소리 못하게 휘어잡는 스타일을 뜻했다. 하지만 최근에는 그 의미가 바뀌었다. "나를 따르라!"로 대변되는 강력한 영도력 대신, 열린 마음과 배려로 자발적인 참여를 이끌어내는 능력이 리더십의 요체로 부상한 것이다. 요즘은 정계, 공직 사회, 기업, 연예계에 이르기까지 남녀를 불문하고 '부드러운 카리스마'라는 수식어를 단 이들이 부쩍 스포트라이트를 받는다.

바야흐로 소통의 시대가 도래한 결과다. 지시보다 대화, 복종보다 협력이 힘을 발휘하는 사회가 되면서 상대방의 마음을 듣는 귀와, 마음을 움직이는 입을 가진 사람들이 빛을 발하고 있다.

나 역시 구청장에 취임한 후 가장 먼저 직원들의 마음을 얻기 위해 힘을 쏟았다. 직원 한 사람 한 사람에게 자신이 존중 받는다는 느낌을 불어넣고자 했다. 생일을 맞은 직원에게는 축하카드를 썼고 구내방송으로 생일축하 인사를 전하기도 했다. 수능시험을 앞두고는 아침 구내방송의 깜짝 DJ로 등장해 고3 자녀를 둔 직원들에게 파이 팅을 전했다. 술 대신 밥을 함께 먹으며 마음을 텄고, 노래방 대신 공연장을 함께 찾으며 마음을 나누었다. 연말 종무식 때는 뮤지컬 팀을 초청해 전 직원과 함께 관람하기도 했다.

윽박지르고 호통치는 대신 격려와 배려로 함께 잘하는 분위기를 만드는 데도 주력했다. 자긍심과 자부심이야말로 열정을 북돋고 신바람 나는 업무 분위기를 조성할 수 있는 에너지라 믿었기 때문이다. 열심히 일하는 가운데 빚어진 실수는 얼마든지 용납할 수 있으며 그에 따른 책임은 기관장이 진다는 일관된 메시지를 전했다. 효과는 확실했다. 직원들은 일하는 눈빛부터 달라져, 뜨거운 열정과 참신한 아이디어로 화답했다.

여성은 생물학적으로 타인을 살피고 돌보는 소통과 배려의 DNA가 발달했다. 소통의 시대야말로 이 DNA가 막강한 힘을 발휘할 수 있는 전성기라 할 수 있다. 남성 역시 협력을 중시하며 배려를 지향하는 심성을 가진 리더가 성공할 가능성이 높다. 당장 오바마 미국 대통령만 해도 부드러움과 소통, 관계 지향성을 두루 갖춘 대표 리더가 아닌가.

소통과 배려의 리더십을 논하다 보니 갑자기 예전에 큰 인기를 끌었던 드라마 〈대장금〉의 한 토막이 떠오른다. 한 상궁이 수라간 최고 상궁이 되고 싶다는 어린 장금에게 물을 떠오게 하는 장면이다. 한 상궁이 물을 떠오라고 하자 장금은 성실하게 물을 떠왔지만 번번이 퇴짜를 맞았다. 곰곰이 영문을 생각하던 장금은 어릴 적 비가 올 때면 어머니가 물을 꼭 끓여서 주었던 것을 기억해냈다. 그래서 장금은 한 상궁에게 물었다. "어디 아프신 데는 없으신지요. 혹 오늘 변은 보셨는지요. 혹 목이 아프거나 그러시지는 않으신지요." 한 상궁이 목이 아프다 하자 장금은 따뜻한 물에 소금을 조금 타서 가져왔다. 그러자 한 상궁은 이렇게 말했다. "먹을 사람의 몸 상태와 좋아하고 싫어하는 모든 것을 생각해 음식을 짓는 마음, 그게 요리임을 얘기하고 싶었다."

종종 후배들에게 '여성 리더는 어떻게 살아야 하는가' 라는 질문을 받는다. 평소에는 소통의 리더십이 필요하다고 강조하곤 했는데, 앞으로는 한 상궁의 대사를 빌려 좀더 멋있게 답해야겠다. "상대방의 입장과 마음을 살피고 통합적인 관점으로 조직을 이끄는 마음, 그것이 소통의 리더십임을 이야기하고 싶다"고 말이다.

# 리더(Reader)에서 리더(Leader) 난다

책을 통해 나는 인생에 가능성이 있다는 것과,
세상에 나처럼 사는 사람이 또 있다는 것을 알았다.
독서는 내게 희망을 주고,
책은 내게 세상으로 나아가는 문을 열어주었다.
**오프라 윈프리**

'토크쇼의 여왕' 오프라 윈프리의 인생 스토리는 언제 들어도 경이롭다. 그의 성장기는 실로 가혹했다. 시골 빈민가에서 미혼모의 딸로 태어나 지독한 가난을 겪었고 아홉 살 때부터 친지와 이웃의 성적 학대에 시달렸다. 열네 살에 미숙아를 출산해 2주 만에 아기를 잃었고 20대에는 마약에 빠져 감옥을 들락거리기도 했다. 하지만 지금, 오프라 윈프리는 세계에서 가장 영향력 있는 여성이자 세계에서 손꼽히는 억만장자다.

이처럼 놀라운 인생역전에 대해 윈프리는 "독서가 내 인생을 바꾸었다"고 주저 없이 말한다. 그토록 혹독한 인생살이에서도 책 덕분에 희망의 끈을 놓지 않았고, 이것이 성공의 동력으로 이어졌다는 것이다.

어릴 적 시골에서 자란 내게는 그의 고백이 한층 절절하게 다가왔다. 사실 오늘 내가 이 자리에 있는 것도 상당 부분 책 덕분이다. 온갖 장난감이 넘쳐나는 요즘과 달리, 내가 어릴 적에는 아이들을 위한 오락거리가 마땅치 않았다. 또 나는 시골 아이답지 않게 밖에서 뛰노는 것을 별로 좋아하지 않았고, 그러다 보니 자연스레 공상에 취미를 붙였다. 심심하고 놀 거리가 별로 없을 때면 혼자서 상상의 나래를 펼치곤 했다.

이런 내게 책은 더없이 좋은 친구가 되어주었다. 소녀 시절 나는 《빨강머리 앤》을 읽으며 달콤한 연애를 상상하고 《80일간의 세계일주》를 읽으면서 세계를 누비는 꿈을 꾸곤 했다.

세상을 변화시키고 싶다는 열망을 품은 것도 책을 통해서였다. 어머니는 딸이 중학교 선생님이 되어 평범하게 살기를 바라셨지만, 이미 내 가슴 속에는 책에서 읽었던 더 큰 무대로 뻗어나가고 싶은 꿈이 싹트고 있었다. 그리고 책 속에서 펼쳐지는 것보다 더 멋진 세상을 만드는 리더가 되겠다는 포부가 어느새 내 몸 구석구석 뿌리를 내렸다. 그렇게 해서 지금까지 정치인으로, 여성 지도자로, 구청장으로 살아오는 동안 책은 나의 가장 좋은 벗이자 스승이 되었다.

책의 효용과 관련된 명언은 많지만, 그중에서도 특히 인상적인 것은 해리 트루먼 미국 대통령의 어록에 있는 구절이다.

"독서가들이 모두 지도자가 되는 것은 아니다. 하지만 모든 지도자는 독서가가 되어야 한다."

정녕 맞는 말이다. 책이 모든 사람의 성공을 보장해주지는 않지만, 성공한 사람치고 책을 멀리하는 사람은 정말이지 단 한 명도 보지 못했다. 다시 말해 리더(reader)에서 리더(leader)가 나오는 것이다!

이는 아마 경험의 정도가 일의 성패를 좌우하기 때문일 것이다. 아는 만큼 보이고, 보는 만큼 일할 수 있는 법이다. 하지만 제아무리 활동 반경이 넓은 사람이라도 직접 부딪쳐 얻을 수 있는 경험은 한계가 있다. 이럴 때 책은 마치 장대높이뛰기의 가로대 같은 한계를 훌쩍 뛰어넘을 수 있도록 지지해주는 장대가 된다.

한 신문사 논설위원은 새내기 시절부터 매일 아침 7시에 출근해 책을 읽었다고 한다. 전날 새벽까지 술을 마셨든, 일 때문에 밤을 새웠든 간에 그는 단 하루도 거르지 않고 아침이면 책을 손에 들었다. 그리하여 지금 그의 독서 공력은 30년이다. 이제 그 논설위원은 해박한 지식과 유려한 논리를 자랑하며 언론계를 대표하는 논객으로 맹활약한다. 그 역시 오프라 윈프리처럼 "나를 키운 것은 책"이라고 주저 없이 말한다.

말이 나온 김에 독서의 장점을 더 꼽아보자.

책은 이 세상에서 타인의 경험을 가장 싼값에, 가장 빨리 내 것으로 만들 수 있게 해준다. 책은 학교에 다니지 않고도 배움을 얻을 수 있는 최고의 배움터다. 책 속에는 자신의 처지로서는 경험할 수 없는 분야의 지식과 정보가 그득하며, 다각적인 관점과 참신한 감성이 넘친다. 상상력을 촉발하는 다양한 아이디어도 만날 수 있다.

경영학의 구루(guru)로 추앙 받는 피터 드러커는 지식사회에서 경쟁력과 창의력을 유지하려면 끊임없이 학습해야 한다고 강조한 바 있다. 드러커는 96세로 세상을 떠나기까지 왕성한 저술 활동을 펼쳤다. 그는 매년 새로운 주제를 발굴해 3개월간 집중적으로 공부하며, 3년마다 다른 분야의 책을 체계적으로 읽어 지식과 통찰력을 키웠다고 한다.

또한 책은 타인과 소통할 수 있는 물꼬를 터준다. 미국의 대표적 사상가이자 시인이었던 랄프 왈도 에머슨의 말에 따르면, 같은 책을 읽었다는 것은 상대방과 소통할 수 있는 연결고리를 가진 것과 같다.

구청장에 취임한 후 가장 먼저 직원 교육예산부터 확보하고 '독서경영'을 내건 것도 이런 이유에서다. 행정의 질을 높이고 잠재된 창의성을 이끌어내기 위해서는 직원들의 직간접적인 경험을 확장하는 것이 필요하다고 확신했기 때문이다.

우선 구청 안팎으로 수시로 책을 접할 수 있는 분위기를 만들었다. 송파구청에 와본 사람은 알겠지만 입구 별관의 거리문고부터 지하 북카페까지 도처에 깔린 것이 책이다. 부서별 독서클럽, 독서학습 리더 과정, 독서문화축제 등도 진행한다. 휴가철에는 가족 모두가 참여할 수 있는 독서 감상문 경진대회도 연다.

이와 같은 독서 프로그램은 송파구청이 운영하는 전체 교육 프로그램의 30퍼센트에 이를 만큼 그 비중이 크다. 그 결과 "송파구가 서울시는 물론 전국 기초자치단체 중 독서경영을 가장 잘 실천하며 이를 토대로 일류 기업 못지않은 경쟁력을 갖추었다"(송영숙 교보문고 독서경영 연구소장)는 외부의 평가도 받았다. 그동안 뿌린 씨앗이 제법 결실을 맺는 것 같아서 자못 뿌듯하다.

오늘 어떤 책을 읽느냐에 따라 3년, 그리고 10년 후 모습이 달라진다는 말이 있다. 지금 이 책을 읽는 독자들 가운데 부디 이 나라, 이 사회를 강건히 할 훌륭한 리더들이 대거 등장하길 바란다.

# 뒤로 물러서게 하는 건 '불가능'이 아니라 '포기'다

Don't give up!(포기하지 마십시오!)
Never give up!(절대로 포기하지 마십시오!)
Don't you ever and ever give up!(절대로, 절대로 포기하지 마십시오!)
윈스턴 처칠

내 가방 속에는 오래된 수첩이 하나 들어 있다. 생쥐가 한 입 뜯어 문 것처럼 귀퉁이가 찢어졌고 세월의 풍파에 색이 바랜 데다, 여기저기 거뭇한 손때까지 묻어 있다. 아마 모르는 사람이 이 수첩을 보면 갖다 버리고 말 것이다.

하지만 내게는 이 보잘것없는 수첩이 화려한 명품 다이어리보다, 성공한 사람들의 필수 아이템이라는 프랭클린 다이어리보다 훨씬 귀중하다. 그것은 그 안에 적어둔 '콘텐츠' 때문이다. 언젠가부터 신문이나 책을 읽다가, 또는 영화나 드라마를 보다가 눈에 들어오는 구절이나 대사가 있으면 수첩에 하나 둘 옮기곤 했다. 그렇게 적어둔 것이 점점 늘어나 어느새 이 수첩은 나만의 '맞춤형 잠언록'이 되었다. 힘들거나 지칠 때 이 수첩을 뒤적이다 보면 마음이 안정되고 의지가 샘솟곤 한다.

처칠 전(前) 영국 총리가 옥스퍼드 대학 졸업식에서 했다는 축사 "포기하지 마십시오"라는 말도 바로 이 수첩에 적어두었던 글귀다. 20세기 최고의 정치가로 평가 받는 처칠은, 그 연설대로 포기하지 않는 삶의 가치를 온몸으로 증명한 인물이었다. 중학교 시절 그는 영어 과목에서 자주 낙제하여 3년이나 유급했고, 원하던 육군사관학교에 낙방해 포병학교에 입학해야 했다. 그러나 처칠은 이후 세계에서 가장 뛰어난 정치가로 입신양명하고, 심지어 1953년 《제2차 세계대전 회고록》으로 노벨문학상까지 받았으니 가히 '포기하지 않는 삶'의 절정이라고 할 만하다.

내 낡은 수첩 한쪽에는 인터넷에서 한창 유행했던 '포기하지 않는 개구리' 그림도 붙어 있다. 황새의 목구멍 속으로 금방이라도 빨려 들어갈 듯한 절체절명의 위기에서 포식자의 목을 악착같이 부여잡고 필사적인 투쟁을 벌이는 이 개구리를 보고 있노라면, 저절로 "암, 끝까지 맞서야 하고말고!"라는 말이 입 밖으로 나오면서 의지를 불사르게 된다.

얼마 전 텔레비전 프로그램 〈동물의 왕국〉에서 방송되었던 '악어를 이긴 얼룩말' 이야기도 이 수첩에 있다. 주인공은 아프리카 세렝게티 초원에 사는 얼룩말 한 마리다. 시골 동네 개들만큼 흔하디 흔한 얼룩말 무리, 그중에서도 평범하기 짝이 없는 얼룩말 한 마리가 강가에서 물을 마시다 집채만 한 악어에게 엉덩이를 물렸다. 꼼짝없이 잡아먹힐 위기일발의 순간, 이 용감한 얼룩말은 악어의 눈을 냅다 물어뜯어 구사일생으로 탈출에 성공했다. 그 끈질긴 생존에의 의지라니! 이 얼룩말 이야기는 '아무리 강한 자에게도 약점은 있다'는 보너스 팁까지 겸비했던 명편이었다.

이 '포기 금지'라는 주제야말로 수첩에서 자주 펼쳐보는 부분이다. 일을 하다 보면 마음처럼 되지 않는 경우가 허다하다. 나는 그럴 때마다 이 '포기 금지'라는 금언을 붙잡고 힘들었던 고비 고비를 넘어왔다.

구청장 선거 당시 공약사업이자 숙원 프로젝트였던 석촌호수 송파문화예술센터(가칭) 사업도 그런 사례였다. 인구 69만 명이 살아가는 송파구는 쾌적하고 아름다운 주거도시다. 서울에서 유일하게 호수를 품고 있고, 너른 공원과 실개천 사이사이로 잘 가꿔진 아파트 단지가 조화롭게 들어서 있다. 또한 이곳은 백제의 고대 도읍지로서 역사적 유산도 즐비하다. 그런데 그런 도시문화를 누릴 만한 변변한 공연장은 단 하나도 없었다.

나는 도시의 랜드마크가 될 만한 문화예술센터 건설을 추진하기로 했다. 이것이야말로 풍부한 역사 자원과 더불어 송파가 문화·관광 벨트로 거듭날 양대 축이 될 것이라는 확신에서다. 문화예술센터는 또한 미래의 송파 구민들을 먹여 살릴 생계수단을 마련하는 일이기도 했다.

문화생활에 대한 구민들의 높은 욕구도 공연장 긴립 계획에 추진력을 보탰다. 2007년 한 조사업체가 서울 자치구별 인터넷 예매율을 조사한 결과, 클래식 예매율 부문에서 송파구는 강남구, 서초구 다음으로 높게 나타났다. 뮤지컬 예매율은 강남구, 송파구, 서초구 순이었다. 구청 직원들도 두터운 문화예술 수요층을 뒷받침할 멋진 인프라가 필요하다는 데 입을 모았다.

2007년 3월 송파문화예술센터가 들어설 곳으로 처음 낙점된 장소는 아시아공원 인근 주차장 부지였다. 이곳이 강남과 송파를 잇는 관문이었기 때문이다. 하지만 여러 채널을 통해 주민들의 반대 의견이 들려왔다. 조용하고 한적한 동네에 대형 공연장이 들어서면 평화로운 분위기가 깨질 수 있다는 것이었다. 그래서 송파의 아이콘이기도 한 석촌호수가 물망에 올랐다. 이곳이 훨씬 나을지 모른다는 생각이 들었다. 반은 호수에, 반은 육지인 독창적인 공연장을 만들자는 멋진 아이디어도 나왔다.

그러자 이번에는 구의원 일부가 반대했다. 인근 주민들이 불편해진다는 것이 이유였다. 아예 말도 꺼내지 말라며 돌부처처럼 돌아앉은 의원들은 완고했다. 하지만 물러설 수는 없어 설득에 나섰다. 석촌호수는 그저 벤치가 있는 산책길로만 두기에는 너무 아까운 명소이며, 몇몇 사람들의 공원이 아닌 모두의 공원이 되어야 한다고 끈질기게 호소했다. 끊임없는 설득에 반대의 목소리는 서서히 잦아들었다.

마지막 관문이자 가장 큰 난관은 서울시 도시공원심의회였다. 석촌호수는 공원으로 지정되어 있어 시설물을 변경하려면 도시공원심의회의 심의를 반드시 거쳐야 했다. 하지만 공원 보존을 최우선 가치로 삼는 위원회는 공원이 훼손될 염려가 있다며 문화예술센터 건립안을 유보시켰다.

나는 담당 팀과 머리를 맞대고 건립안을 손질해 다시 올렸지만 재심 결과도 퇴짜였다. 하지만 포기하지 않고 다시 의견을 모아 추진했다. 위원회를 설득하기 위해 석촌호수 수질개선 방안과 친환경 건설 계획을 치밀하게 준비했다. 한편으로는 위원들을 일일이 찾아다니며 그 취지를 설명했다. 공연장이 들어서면 송파구민은 물론 서울 시민들의 문화 욕구를 충족시킬 수 있으며, 세계에 당당히 내놓을 만한 명소가 생긴다는 요지였다.

내가 구청장에 취임하기 전만 해도, 석촌호수를 찾는 사람들 열에 일곱이 동네 주민들이었다. 하지만 취임 후 그 비율은 열에 넷 정도로 바뀌었다. 이렇듯 공간을 이용하는 사람들이 바뀌면, 그 공간도 바뀌어야 하는 것 아닌가!

나는 위원들을 초청하여 현지 실사를 주관하면서 하나하나 설명하는 일을 자처했다. 일부 직원들은 구청장이 직접 나설 자리가 아니라며 만류하기도 했다. 하지만 격식을 따질 문제가 아니었다. 뙤약볕 아래 호수를 등지고 서서 공연장의 필요성을 목청껏 호소하는 할머니 구청장의 모습에 위원들은 제법 감동한 눈치였다.

2008년 10월, 우리는 송파문화예술센터 사업을 추진한 지 1년 7개월 만에 '조건부 통과'라는 기쁜 소식을 들을 수 있었다. 물론 호수에 닿는 면적을 최소화하고 기존 산책로 동선을 유지하며, 친환경 건물을 짓고 주민 의견을 충분히 수렴하라는 조건이 붙었다. 하지만 중요한 것은 반대와 반발에 굴하지 않고 노력한 끝에 승전보를 얻어 냈다는 것이다. 2013년이면 송파구에는 시드니 오페라하우스, 뉴욕 카네기홀, 베이징 국가대극원이 부럽지 않은 근사한 문화공연장이 탄생한다. 취임 후 가장 기쁜 순간이었다.

이 글을 어떻게 마무리할까 고민하던 즈음에 마침 미국 드라마 〈명탐정 몽크〉에서 딱 맞는 명대사를 건졌다. 권투 챔피언이 좌절한 주인공에게 이야기해준 보석 같은 명언이다.

"포기하지 말아요, 몽크. 포기란 놈은 꼭 마약 같아서 한 번 하기 시작하면 좀처럼 그만둘 수 없거든요."

그렇다. 한 발짝 물러서면 두 발짝 물러서게 되고, 두 발짝 물러서면 한없이 밀려나고 만다. 원하는 바, 옳다고 믿는 바를 위해서는 끝까지 밀어붙이는 근성이 있어야 한다. 한번 뼈다귀를 물면 결코 놓지 않는 불도그처럼 말이다.

자고로 포기하지 않는 자, 성취할지어다.

# 전략적 수다로 브레인스토밍하라

우리의 대화는 의미 있는 대화보다 수다가 더 가치 있었다.
영화 〈유브 갓 메일〉 중에서

강원도 춘천시 남이섬에는 '송파 은행나무길'이 있다. 매년 11월 즈음이면 이 길은 황금빛 은행 낙엽으로 뒤덮여 동장군이 기세를 떨치는 12월까지도 늦가을 정취를 선사한다. 섬이라는 특성상 겨울이 빨리 오는 남이섬의 은행나무들은 10월 중순이면 잎이 모두 떨어져 나뭇가지만 앙상하지만 이 길만은 예외다. 비밀은 그 이름에 있다. 이곳에 깔리는 은행잎은 바로 우리 송파구에서 공수되는 것이다.

2007년 가을 송파구 주민이기도 한 ㈜남이섬 강우현 대표가 구청에 들렀다. 구수한 메밀차를 사이에 두고 나는 강 대표와 이런저런 이야기를 나누었다. 워낙 유쾌한 분이라 즐거운 대화가 끊임없이 이어졌는데, 어느덧 대화 주제는 단풍으로 흘렀다.

"올림픽로 은행잎이 참 멋지네요. 남이섬에는 벌써 나뭇잎이 다 져버렸는데 말입니다."

"구에서는 은행잎이 골칫거리예요. 은행잎에 독성이 있어서 퇴비로도 못 쓰고 돈을 들여 태워야 하는데, 이렇게 처리하는 비용만 해도 수천만 원이 들어가니까요."

"저런, 아까워라. 기왕 버리는 거면 남이섬에 버리시지."

"그래요? 그럼, 얼른 가져가세요. 저희가 트럭으로 운반까지 해드릴게요."

송파구는 당장 그해 11월 중순에서 12월 초까지 은행 낙엽 200톤을 남이섬으로 실어 날랐다. 송파에서 버려진 낙엽으로 단장한 '송파 은행나무길'은 늦가을 남이섬을 찾은 관광객들의 사랑을 한 몸에 받는 명소가 되었고, 송파구는 매년 운송비용을 제하고도 낙엽 처리 예산을 4,000만 원 이상 절약할 수 있었다. 말 그대로 윈-윈 전략이었다.

이 송파 은행나무길은 지금도 강우현 대표의 트레이드마크인 '창의경영'을 대표하는 사례로 거론된다. 이쯤 되면 쓸모없다고 생각되는 수다도 획기적인 아이디어를 도출하는 브레인스토밍이라 할 만하다.

국어사전에서 '수다'를 찾아보면, '쓸데없이 말수가 많음'이라 정의한 것을 볼 수 있다. 세간에서는 수다를 할 일 없는 여자들의 일상으로 치부하기도 한다. "여자 셋이 모이면 접시가 깨진다"는 속담도 같은 맥락에서 나온 말이다.

하지만 사람들 사이의 소통이 시대적 화두로 떠오른 지금, 수다는 자유로운 자기표현과 부드러운 소통의 도구가 되어줄 수 있다. 언뜻 아무것도 아닌 것처럼 보이는 일상적인 수다에서 송파 은행나무길과 같은 의외의 '대박'을 건졌듯이, 수다는 무의식중에 기발한 아이디어를 길어 올리는 황금 두레박이 될 수 있다. 발명왕 에디슨도 연구소 직원들과 끊임없이 잡담과 농담을 주고받으며 영감을 얻었다고 하지 않던가. 바야흐로 수다에 능한 여성들이 이 '수다력'을 소통과 발상의 우물로 삼아 제 능력을 발휘할 수 있는 시대가 왔다.

덧붙여 수다는 건강과 행복을 높이는 효과가 있다고 의학적으로도 증명된 바 있다. 얼마 전 신문에 실린 미국 미시간 의학대학 연구진의 연구 결과에 따르면, 수다를 떨 때 불안과 스트레스를 누그러뜨리는 호르몬인 프로게스테론 수치가 올라가면서 상대방과의 사회적 유대관계를 돈독하게 하여 행복감도 커진다고 한다. 요컨대 '수다쟁이가 건강하고 행복하다'는 것이다. 소통과 아이디어에 건강과 행복까지, 그야말로 돌 하나 가지고 참새들을 떼로 잡을 수 있는 것 아닌가!

하지만 수다에도 전략이 필요하다. 아무 생각 없이 타인의 신변잡기를 주워섬기는 수준이라면 생산적인 아이디어를 기대할 수 없다. 생산적인 수다를 만들려면 세상을 향한 관심의 더듬이, 즉 일에 대한 열정의 안테나를 100퍼센트 가동해야 한다. 될성부른 소재를 적절히 던지고 무한한 상상이 펼쳐지도록 판을 펼쳐, 거기서 쏟아져 나온 그럴듯한 생각들을 구체적으로 다듬어내야 하는 것이다.

　반드시 기억하도록 하자. '전략적 수다가' 만이 스트레스를 푸는 해우소(解憂所)에 머무르고 말 수다 판을 근사한 아이디어가 가득한 황금 노다지로 만들 수 있다.

# 먼저 내 마음의 주인이 되라

배를 한입에 삼킬 만큼 큰 물고기는
강의 지류에서 헤엄치지 않는다.
열자(列子)

현재 나는 구청에서 최고령자다. 하지만 2006년 7월 구청장에 취임한 이후부터 지금까지 다른 누구보다 많은 아이디어를 내놓는 일에 주저함이 없었다. 조직에서 가장 연로한 내가 팔팔한 젊은 직원들을 제치고 '아이디어의 여왕'이 될 수 있었던 것은, 바로 내가 '보스'라는 생각이 있었기 때문이다. 이처럼 스스로 조직의 CEO라는, 주인의식을 갖는다는 것은 너무나 중요한 마인드다.

조직의 장이 된 순간부터 나는 자나 깨나 참신한 아이디어를 궁리

해야 했다. 더구나 정해진 예산 안에서 최대의 성과를 내려면 생각을 많이 하는 수밖에 없었다. 그래도 아이디어가 떠오르지 않으면 주변에 묻고 또 물었다. 친구들을 만날 때도 반가움에 앞서 좋은 생각이 있는지부터 묻곤 했다.

그렇게 내가 주인이라는 생각으로 오매불망 아이디어를 고민하고 부지런히 발품을 팔아 내놓는 제안들은 속속 히트 정책 대열에 올랐다. 책임감과 고민, 관심과 열정으로도 해석되는 이 보스 마인드는 상상력에 불을 붙이고 창의력에 날개를 달아준다.

이런 마인드가 조직의 장이나 리더에게만 필요하다고 생각하면 오산이다. 큰 뜻을 품은 사람이라면 반드시 보스 정신이 필요하다. 대부분의 사람들은 주어진 일을 해내는 것으로 만족하는 편이다. 우리 구청만 보아도 그렇다. 간부 직원들조차 타 부서 업무에 깜깜한 경우가 비일비재하며, 평소에 똑 부러지게 일을 잘하는 여성 후배들도 자기가 맡은 일만 완벽하게 끝내면 그만이라고 생각하는 경우가 많다.

하지만 '내 일'을 깔끔하게 해내는 것은 기본 중의 기본일 뿐이다. 더 높이 성장하고 도약하기 위해서는 내가 내 삶의 주인이요, 내 일의 CEO라는 신념 아래 조직의 칸막이를 뛰어넘어 새로운 도전과 책임을 기꺼이 끌어안을 수 있어야 한다.

2002년 노벨화학상을 수상하며 세상을 놀라게 한 일본의 샐러리맨 다나카 고이치(田中耕一)의 성공 스토리는 이 보스 정신의 힘을 제대로 보여준다. 학사 출신으로는 최초로 노벨상을 받은 고이치는 상을 받을 당시 중소기업의 말단 연구원이었다. 하지만 그가 가진 생각은 남달랐다. 고이치의 자서전 《일의 즐거움》에 따르면, 그는 늘 뭔가 새로운 것을 발견하고 싶어 했으며 세상에 도움이 되는 기술 개발을 열망했다. 그는 연구 시간을 낭비하는 것이 아까워 평소에도 일과 관련된 사람들만 만났으며, 연구 성과를 세계에 알리기 위해 일찍부터 영어를 공부했다.

대기업 평사원으로 출발해 재계 15위 그룹 총수가 된 STX그룹 강덕수 회장의 성공담도 같은 맥락에서 볼 수 있다. '샐러리맨의 신화'로 불리는 강 회장은 회사원 시절 월급쟁이라고 생각하고 일한 적이 한 번도 없었으며, 늘 스스로 오너라는 자세로 일에 달라붙었다고 한다.

내가 종종 후배들에게 보스로 살라고 말하면 대부분은 이렇게 항변한다. "선배님은 보스니까 보스로 살 수 있죠. 하지만 평직원이 보스처럼 일하기가 어디 쉬운가요?"

당연히 쉬울 리 없다. 아무나 그럴 수 있다면 누구나 성공의 월계관을 썼을 것이다. 그런 마인드를 갖추기 위해서는 훈련이 필요하다. 당장 오늘부터 자신을, 일을, 세상을 보스의 눈으로 바라보는 훈련을 하라. 다른 업무와 영역에 대한 관심의 반경을 넓히고 끊임없이 고민의 페달을 밟아나가야 한다. 모든 일에서 전후좌우를 살피고 큰 그림을 그리며, 멀리 미래를 내다볼 줄 알아야 한다.

샐러리우먼 신화, 여성 정치인 신화, 여성 공무원 신화 등 아무나 될 것 같지 않은 신화 속 주인공도, 꾸준히 보스 마인드를 갈고닦다 보면 틀림없이 그 기회가 주어질 것이다.

# '원래'의 창을 깨고
# '미래'의 창을 내라

세상에서 가장 어려운 일은
새로운 아이디어를 수용하는 것이 아니라
과거의 아이디어를 잊는 것이다.
존 메이너드 케인즈

'원래' 라는 말은 참으로 편리한 단어다.

"나 원래 그런 사람이야."

"그 사람은 원래 그랬잖아."

"이 바닥이 원래 그렇지."

스스로를 합리화할 때도, 타인의 불가해한 성격을 포기할 때도, 조직의 불합리함을 감내할 때도 이 '원래' 라는 말은 상당한 효력을 발휘한다. 사람이나 회사 일로 화가 치밀 때도 제법 효과가 있다.

하지만 '원래' 는 소통과 개선의 여지를 꽁꽁 닫아버리는 주문이기도 하다. '원래 그랬다' 를 한 꺼풀 벗겨보면 '나는(또는 그 사람은) 이대로(또는 그대로) 살 테니 내버려두라' 는 말이자, '문제가 있지만 내 소관은 아니다' 라는 무책임한 선언이다. 다시 말해 관계를 증진하려는 노력이나 문제를 풀어보려는 고민을 아예 차단하는 무관심의 선언이다.

2007년 7월 전국에서 처음으로 송파구에서 우측보행을 시작할 때의 이야기다. 사실 우측보행 캠페인을 벌이기로 한 결정 뒤에는 가슴 아픈 사연이 있었다. 바로 1999년 6월 경기도 화성 씨랜드 청소년수련원에서 일어난 화재 참사다.

이 비극적인 사고에서 희생된 유치원생 19명 중 대부분이 송파구 문정동에 있는 어린이집 아이들이었다. 희생자 유가족들은 보상금을 출연해 어린이안전재단을 세우고 어린이를 대상으로 한 안전교육과 안전문화 조성에 팔을 걷고 나섰다. 송파구도 마천동에 희생자들의 넋을 기리기 위한 어린이안전교육관을 세우고 어린이 안전을 위한 노력에 동참했다.

우측보행 아이디어는 이 재단이 2007년 초 주최한 어린이 안전 세미나에서 나왔다. 발제자 중 한 사람이 어린이를 위시한 보행자들의 안전을 위해 우측보행이 필요하다고 역설한 것이다. 오른쪽으로 걷는 것이 교통안전 측면에서 훨씬 낫다는 논지였다.

조금만 생각해보면 금방 수긍이 가는 이야기다. 차도에 접해 있는 인도에서 왼쪽으로 걷는 장면을 떠올려보자. 차도 쪽으로 걷는 사람은 자동차가 달리는 방향과 같은 쪽을 보고 걷게 된다. 등 뒤엔 눈이 달려 있지 않으니 뒤쪽을 살필 수가 없고, 행여 뒤에서 차가 덮칠 경우 피하기가 어렵다. 하지만 오른쪽으로 걸으면 자동차와 마주보고 걷게 돼 차량의 움직임을 주시할 수 있고 사고 위험을 줄일 수 있다. 우측보행으로 교통사고가 약 20퍼센트 감소된다는 과학적 분석 결과도 있다.

당시 세미나에 참석했던 구청의 어린이 안전 담당자는 그 취지와 필요성에 공감하여 득달같이 돌아와 우측보행 캠페인을 기안했다. 내용을 들어보니 필요하다는 생각이 들었다. 하지만 대부분의 사람들이 심드렁한 반응을 보였다.

"원래 좌측통행을 권장하고 있지 않습니까. '차는 오른쪽, 사람들은 왼쪽~' 이라는 동요도 있고요."

"취지는 좋은데, 원래 왼쪽으로 걷게 되어 있는 것을 굳이 바꿀 필요가 있을까요?"

도대체 '원래' 가 언제부터였을까? 궁금증이 일어 좌측보행의 기원을 뒤져보았다. 좌측보행은 일제강점기인 1921년 조선총독부령에서 시작되었다. '원래' 우측보행이던 것을 일본식으로 바꿔 좌측보행으로 한 것이다. 하지만 현재 세계 주요 국가들에서는 오히려 우측보행이 대세다. 이렇다 보니 해외에 나간 한국인들은 왼쪽으로 걷다가 거리의 사람들과 충돌하기도 하고, 한국을 찾은 외국인들은 툭하면 거리 사람들과 어깨를 부딪치며 길을 헤쳐가야 하는 형편이다. 안전은 물론이거니와 글로벌 스탠더드 차원에서도 혁신이 필요했다.

즉각 어린이안전재단 등과 손잡고 우선 성내천, 구립 어린이집, 구 청사 등에서 우측보행 운동을 펼치기로 했다. 하지만 난관이 적지 않았다. 학교들은 "교육청 공문이 없으면 동참할 수 없다"며 난색을 표했고, 주민들은 다른 지역과 통행 방향이 다르기 때문에 발생할 혼란을 토로했다. 이를 위해서는 지역적 한계를 극복하고 전국단위의 폭넓은 동참을 이끌어내야 했다. 2년 동안 대통령비서실, 국토해양부, 경찰청, 시 교육청 등에 끈질기게 협조공문을 보내며 지속적으로 캠페인을 이어갔다.

2009년 5월, 마침내 국가경쟁력위원회는 우측보행을 국가정책으로 채택하고 이듬해 10월부터 이를 전국적으로 시행한다는 보행 개혁안을 발표했다. 일본에 의해 강제로 바뀐 보행 관행을 88년 만에 혁신했다는 사실도 뿌듯했지만, 이렇게 보행 문화 혁신을 이끌어 어린이들의 안전에 조금이라도 기여할 수 있게 됐으니 그 보람은 이루 말로 다할 수 없었다.

사노라면 이 '원래'라는 단어를 숱하게 만난다. '원래'는 과거이자 관습이며, 관행이다. 경제학자 케인즈가 지적했듯이, 과거의 아이디어에서 벗어나는 것은 새로운 아이디어를 받아들이는 것보다 어려운 일이다. 이 '원래'를 과감히 넘어서는 유연한 자세야말로 세상을 조금이라도 진보하게 만드는 핵심 역량이다.

이 '유연성'의 가치에 대해서는, 말단 직원에서 출발해 세계적인 다국적기업 휴렛팩커드(HP)의 최고경영자가 되어 미국 샐러리맨의 우상으로 추앙 받은 루이스 플랫의 조언을 인용하고자 한다.

"과거 당신을 성공으로 이끌었던 바로 그 비결이 새로운 세계에서는 먹히지 않을 것이다."

우리 식으로 말하자면 변화는 성공으로 달려가는 고속버스요, 정체는 도태로 가는 KTX라고 하겠다. 성공한 모델도 그럴진대 하물며 문제가 있는 모델에서야 더 말할 필요가 없을 것이다.

'원래 그랬다'를 전가의 보도처럼 휘두르며 과거의 방식대로, 그동안 해온 대로만 지낸다면 우리는 언제나 그 자리일 뿐 변화할 수 없다. 무언가 달라지길 원한다면 '원래 그랬다'에 과감히 돌을 던져라. '원래'의 창을 깨고 그 너머에 있는 새로운 '미래'로 거침없이 나아가라.

# 두말 말고 두 잇(Do it)!

Just do it!(생각만 하지 말고 일단 해봐!)
나이키 슬로건

어느 신문에서 읽은 이야기다. 링컨 대통령이 참모진과 회의를 하고 있었다. 대통령은 참모들 모두가 반대하는 안건을 놓고 참모 한 사람 한 사람에게 반대하는 이유를 물었다. 그러고는 결론을 냈다.

"여러분의 의견을 충분히 들었으니 이 안은 그대로 추진하겠습니다."

반대하는 이유를 실컷 듣고 나서 원안을 진행하겠다는 말에 참모들은 아연한 표정을 감추지 못했다. 링컨은 이렇게 말했다.

"여러분이 안 된다고 설명한 이유들은, 안건을 올리기 전에 이미

제가 많이 고민해본 것들입니다. 혹시 제가 미처 생각하지 못한 결정적 이유가 있을까 해서 회의를 소집한 것입니다."

누구에게나(민주주의의 초석을 쌓은 링컨 대통령에게조차!) '밀어붙이기'가 필요한 순간이 있다. 특히 의사결정권자는 스스로 옳다고 믿는 바를 관철시키는 배짱이 몇 곱절 필요하다. '안 되는 이유' 100가지보다 '되는 이유' 하나를 보고 결정해야 하는 일이 비일비재하기 때문이다. 물론 충분한 검토와 올바른 판단 능력을 전제로 말이다.

2007년 4월 송파구에서는 여권 즉시발급제를 시행했다. 과거 적게는 5일, 길게는 일주일까지 걸리던 여권 발급 기간을 긴급한 정도에 따라 3~48시간으로 줄인 것이다. 지금은 전자여권을 중앙발급센터에서 일괄 발급하지만, 당시 이 제도는 도입 즉시 송파구 주민들에게 환영 받았으며 전국적으로 확산되어 대한민국 여권 발급 표준을 바꾸었다. 당시 언론에서 '여권 혁명'으로 이야기했던 이 정책은 바로 안 되는 이유보다 되는 이유에 주력해서 성공한 대표적인 사례다.

구청장 취임 후 나는 직원들에게 주민 중심의 행정혁신 아이디어를 내도록 주문했다. 구 정책과 제도의 '고객'인 주민들이 몸으로 느낄 수 있는 크고 작은 변화들을 만들어보자는 제안이었다. 그러자 제일 먼저 여권과에서 답이 왔다. 여권 발급 시간을 앞당겨 민원상 불편을 개선해보자는 방안이었다. 분초를 다투는 글로벌 경쟁 시대에 여권 하나 발급하는 데 며칠씩 기다려야 하는 관행은 분명 문제가 있었다.

우선 간부들의 의견을 들어보았다. A 과장이 말문을 열었다. 그의 얼굴에는 걱정스러운 기색이 역력했다. 실무적으로 불가능한 일은 아니지만 다른 구에서 송파구로 몰려올 업무 부하가 우려되고, 주 업무부처인 외교통상부의 반대가 예상되며, 무엇보다 다른 구의 '눈 총'이 걱정되고, 시행 후 감당하지 못하면 전국적으로 웃음거리가 될 위험이 있는 등 그의 말은 논리정연하고 일목요연한 분석이 틀림 없었다.

잠시 정적이 흘렀다. 실무 부서의 B 과장이 입을 열었다. 불문곡 직하고 단 한마디로 그는 자신의 생각을 밝혔다.

"고객 중심 행정을 하려면 꼭 필요합니다."

사실 기술적으로는 별 문제 없는 아이디어였다. 발급 과정을 분석해보니 접수에서 발급까지 30분이면 가능하고 대기자가 많아도 3시간이면 충분하다는 것이 확인되었다. 가장 큰 걸림돌은 그동안 쌓인 2,500여 건의 대기 물량이었다. 유일한 해결책은 일을 더 많이 하는 것뿐이었다. 우선 외교통상부를 설득했다. 여권과 직원들은 약 4개월 동안 주말도 반납한 채 새벽 6시부터 밤 10시까지 일하며 누적분을 털어냈다. 하루 종일 컴퓨터 모니터를 들여다보다 눈에 탈이 난 직원도 여럿이었다.

각고의 준비 끝에 제도를 시행하자 곧 폭발적인 호응이 이어졌다. 여권과 사무실은 민원으로 발 디딜 틈 없이 북새통을 이루었다. 송파구는 물론 전국에서 '여권 원정대'의 방문이 줄을 이었다. A 과장이 우려한 갖가지 문제점도 속속 나타났다. "송파구에서는 여권을 빨리 발급해준다"며 다른 구에서 우리 구로 민원을 보내는 일까지 벌어졌다. 담당과의 업무량은 두 배 이상 폭주했다.

하지만 직원들은 꾸준하고 묵묵하게 일했다. 무엇보다 주민들의 격려가 힘이 되었다. 어떤 어머니는 아들에게 급히 필요한 여권을 만들어주어 고맙다며 담당 직원의 손을 잡고 눈물을 펑펑 쏟았다. 한 중소기업인은 여권을 빨리 발급한 덕에 50억 원이 걸린 해외 계약을 성사시킬 수 있었다며 감사패와 떡을 보내왔다. 소문은 빠르게 퍼졌고 인터넷 게시판에는 '말은 제주로, 여권은 송파로'와 같은 글들이 올라왔다.

송파의 여권 혁명은 공공서비스가 더디고 불편하다는 인식을 뒤집으며 2007년 서울 최고의 창의시정 사례로 선정되었고, 이후 서울은 물론 전국 지방자치단체로 확산되었다. 한 번 혁명을 이루자 다른 업무를 수행할 때도 큰 힘이 되었다. 처음 만난 사람들이나 까다로운 문제에 직면해서도 일을 순조롭게 해결할 수 있었다. 안 되는 이유 수십 개를 물리치고 되는 이유에 전력투구해 혁신을 이끌어낸 데 따른 프리미엄이었다.

30년 넘게 사회생활을 해오면서 많은 사람이 되는 이유보다 안 되는 이유를 찾아내는 데 능하다는 것을 알게 됐다. 특히 여성들은 대개 일 처리에서 신중한 경향이 있다. 물론 돌다리도 두드려보고 건너라는 옛말도 있다. 신중한 것은 분명 좋은 태도다. 하지만 때로는 이런 태도 아래 두려움이 숨어 있을 때가 있다. 그 두려움은 아예 일을 추진하지 못하게 하는 걸림돌이 될 수 있다. 돌다리를 두드리되, 두드리다 날이 저물어 다리를 건너지 못하는 우를 범해서는 안 된다는 이야기다.

사실 안 되는 이유를 드는 것은 식은 죽 먹기다. 누구나 자신이 진행하는 일에서 안 되는 이유를 10개, 100개라도 생각해낼 수 있다. 하지만 중요한 것은 그냥 안 되는 이유를 찾는 것이 아니라 그럼으로써 되는 방법을 모색하는 것이다. 안 되는 이유를 분석함으로써 되는 이유를 찾고, 일을 성사시키기 위해 집중하여 매달리는 태도가 필요하다. '진짜 신중함'과 뒤로 물러설 근거를 찾는 '가짜 신중함'은 하늘과 땅, 명품과 짝퉁만큼이나 다르다!

그리고 한 가지 덧붙이자면, '모든 일은 믿는 대로 된다'는 말이 사실이란 점이다. 정말로 그럴까 싶겠지만 나 역시 된다고 생각하면 되고, 안 된다고 생각하면 정녕 안 되었던 경우를 숱하게 겪었다. 누군가의 말대로 된다고 마음먹으면 믿음이 되고, 믿음은 신념으로 뿌리내려 노력하게 되고, 노력이 모이면 믿었던 일들이 진짜 일어나기 시작한다. 노상 뭔가를 망설이는 여성 후배들이 있다면, 그들의 추진력에 불을 붙이는 비장의 자기최면 주문을 귀띔해주고자 한다.

"두말 말고 두 잇(Do it)!"

# 머리보다 발을 먼저 움직여라

어떤 일을 할 수 있고 또 해야 한다고 생각하면,
반드시 길은 열리게 되어 있다.
링컨

'선화공주님은 / 남 몰래 정을 통해 놓고 / 밤마다 서동을 / 몰래 안고 간다네.'

삼국유사에 나오는 〈서동요〉 설화를 모르는 사람은 아마 거의 없을 것이다. 알다시피 줄거리는 이렇다. 신라 제26대 진평왕 시절, 훗날 백제의 무왕이 된 서동은 절세가인으로 소문난 신라의 선화공주를 짝사랑하다 신라에 몰래 잠입했다. 그는 동네 꼬마들에게 먹을 것을 주면서 자신이 지은 노래를 부르게 했다. 그래서 선화공주가

밤마다 외간 남자를 만나고 다닌다는 소문이 대궐 안까지 퍼지자, 진평왕은 노발대발하여 사실관계를 따지는 대신 딸을 귀양 보냈다. 서동은 그 길목을 지키고 있다가 공주에게 동행하기를 청했고, 선화 공주는 외로운 귀양길에서 만난 서동에게 마음을 주었다. 결국 서동은 꿈에 그리던 여인과 결혼하게 되었다.

2009년 1월 전북 익산 미륵사에서 백제 무왕의 왕후가 신라 선화 공주가 아닌 백제 관리의 딸이라는 기록이 발견되면서, 이 설화가 허구라는 주장에 한층 무게가 실렸다. 그 진위야 어찌 되었든 이 이야기는 한반도 역사상 손꼽히는 연애 사건으로 우리들의 기억 속에 남을 것이다.

이 서동 설화를 간단히 요약하자면 '사랑을 위해 국경을 넘은 한 사내의 대담하고 뻔뻔한 미녀 쟁취기' 정도가 되지 않을까. 만일 이를 속담으로 만든다면 '먼저 찜한 자가 미인을 얻는다' 정도가 될 것 같다.

마케팅 서적에는 이런 서동의 계책이 입소문 전략, 이른바 '~카더라 마케팅'의 고전적 사례로 거론되곤 한다. 하지만 나는 이를 '선제적 깃발 꽂기'라는 측면으로 보고자 한다(원하는 바를 얻기 위해 타인을 모함한 치사함과, 거짓을 퍼뜨린 부도덕한 측면은 일단 논외로 하자). 미국 서부 개척 시대에는 광활한 신천지에 먼저 깃발을 꽂은 사람이 땅을 차지했던 것처럼, 일을 하다 보면 무주공산에 먼저 깃발을 꽂는 용기와 열성이 필요하기 때문이다.

송파구를 넘어 서울의 생태 명소로 자리 잡은 방이습지에도 이와 비슷한 사연이 있다. 송파구 방이동의 방이습지는 송파구 유일의 미개발 부지다. 송파구는 이곳에 '깃발' 대신 버들가지를 꽂아 개발 압력으로부터 귀중한 생태자원을 지켜냈다.

1970년대 이 습지 근처에는 벽돌공장이 있었다. 벽돌공장이 있는 장소에는 보통 물이 많아지는데, 벽돌 재료로 흙을 파낸 자리에 웅덩이가 생기고 거기에 물이 고이기 때문이다. 때문에 이곳도 도시에서는 찾아보기 힘든 습지가 되었다. 2002년 서울시는 이곳을 생태경관보전지역으로 지정했지만 제대로 돌보지 않아 습지는 황폐일로에 있었다. 이른바 '업자' 들에게는 1만 7,000평에 달하는 노른자위 땅이 놀고 있는 셈이었다. 더구나 주변 대부분이 사유지이다 보니 곧 이곳을 밀고 대규모 아파트 단지가 들어선다는 소문이 공공연하게 돌았다.

위기에 처한 방이습지에 관심이 생긴 것은 이곳에서 만난 왜가리 때문이었다. 관내를 돌아보던 중 별 생각 없이 방이습지를 찾았는데 마침 왜가리 한 마리가 둥지에서 알을 품고 있었다. 도시에선 보기 힘든 풍경이었다. 왜였을까. 순간 가슴이 찡해졌다. 하늘을 찌를 듯 들어선 고층 아파트 숲 사이에서 꿋꿋이 알을 품는 어미 왜가리가 더없이 장해 보였다. 알고 보니 방이습지는 왜가리뿐 아니라 온갖 생물과 습지생물이 어우러져 살아가는 생태계의 보고였다. 반드시 지켜내야 할 자연의 보물 창고였던 것이다.

물론 이곳은 서울시 소유이므로 구에서 이래라 저래라 할 수는 없었다. 머리를 써야 했다. 하루라도 빨리 제대로 된 습지의 모습을 갖추는 것이 급선무였다. 그런 다음 만방에 이곳의 진가를 알려 '건드리면 큰일 나는 곳'이라는 인식을 퍼뜨리기로 했다.

빨리 자라는 버드나무가 구원투수로 떠올랐다. 서둘러 버드나무 가지를 잘라 습지 빈 곳에 꽂았다. 그러자 그렇게 꽂아놓은 버드나무 가지에서 속속 잎이 터지고 새 가지가 뻗어났다. 검붉은 진흙땅이 여기저기 상처처럼 드러나 있던 습지 주변은 얼마 안 가서 푸른 버드나무 숲으로 변했다.

이렇게 급한 불을 끈 후 단장에 나섰다. 송파구 자매도시인 여주에서 공수해온 색색의 꽃창포를 습지 곳곳에 심었다. 부들, 수련, 마름 등 수생식물도 풍성히 보강했다. 여기에 긴급히 마련한 예산으로 나무 데크 관람로를 조성하고 멋진 원두막을 지어놓으니 서울 어느 곳에서도 찾아볼 수 없는 근사한 생태공원이 탄생했다. 가히 환골탈태요, 능히 상전벽해라 할 만했다.

그런 다음 생태해설 전문가를 초빙하여 초등학생을 대상으로 방이습지 견학 프로그램을 시행했다. 도시 아이들은 원앙, 백로, 왜가리, 물뱀, 북방산 개구리 등 갖가지 동식물과 곤충들을 보며 열광했고, 이 프로그램은 아이들의 인기 체험학습 코스로 자리 잡았다. 곧 방이습지는 '도심의 오아시스'라는 애칭을 얻으며 전국적으로 알려졌다. 이제는 누구도 이 보물과 같은 습지를 넘보지는 못할 것이다.

엊그제 신문에서 버락 오바마 미국 대통령이 중국을 방문하여 '산속에 난 좁은 길도 계속 다니면 곧 길이 난다'는 맹자의 말을 인용한 것을 보았다. 물론 양국 간 소통을 강조하려는 의도이겠지만 나는 여기서도 서동 설화에서처럼 '남이 가기 전에 길을 내는' 열성의 중요성을 읽고 싶다.

무릇 길이 없을 때는 '여기 길이 있노라'라고 선언하며 깃발부터 꽂아라. 그리고 자주 다녀 길을 내라. 길이 나면 이름표도 만들어 붙이길 권한다. 그러면 그 길은 오롯이 자기 것이 될 것이다.

# 조직을 살리는 사람 vs 조직을 죽이는 사람

기업이 망할 조짐을 보일 때는,
그 기업을 운영하는 사람이 누군지 보라.
마이클 델

옛날 초등학교 음악 교과서에는 '산에 산에 산에다 나무를 심자 / 산에 산에 산에다 옷을 입히자 / 메아리가 살게끔 / 나무를 심자' 라는 동요가 있었다. 하지만 요즘 교과서에서는 이 동요를 찾아보기 어렵다. 아마 전국 방방곡곡의 산마다 초록 뭉게구름을 두른 듯 푸른 나무숲이 울창하기 때문이 아닐까. 한때 아이들에게서 자주 들을 수 있었던 이 '메아리' 동요는 어느새 잊혀진 옛 노래가 된 듯하다.

가히 상전벽해라 할 만한 변화다. 지금으로부터 50년 전, 내가 열 살 무렵만 해도 우리나라 산들은 죄다 민둥산이었다. 일제의 수탈과 전쟁의 참화에서 살아남은 나무들도 마구잡이 개간으로 베어져 나갔고, 건축재로 땔감으로 사라져갔다. 산들은 너나없이 벌건 흙바닥을 드러냈고 툭하면 산사태나 홍수로 무너지곤 했다.

산림 황폐화의 심각성을 인식한 정부는 1960년대부터 본격적인 산림녹화 운동을 시작했다. 대통령부터 앞장서 나무를 심었고 전국 공무원과 학생들은 철마다 사업에 동원되었다. 공무원들은 장마철을 앞두고 산에 나무와 풀을 심는 소위 '사방공사'에 차출되었고, 학생들은 여름방학이면 어김없이 숙제로 씨앗을 심곤 했다. 물론 어린 우리들에게는 즐거운 놀이처럼 생각되었지만 말이다.

어릴 적, 나도 무슨 씨앗인가를 심으러 가던 날이었다. 담임선생님은 천방지축 야단법석인 꼬마 식목대원들을 운동장에 이열종대로 편성한 후 위엄 가득한 표정으로 나무의 중요성을 역설하셨다. 아직도 기억나는 선생님의 연설을 빌어 말하자면 나무는 산의 말뚝이자 그물이며 자연 댐과 같은 존재다. 굵은 뿌리는 땅속 깊은 바위 층까지 파고들어 말뚝 역할을 하고, 잔뿌리들은 서로 그물망처럼 얽혀 흙이 움직이지 않도록 고정하는 지지대 역할을 한다. 비가 오면 땅으로 스며든 물을 빨아들여 폭우가 오더라도 물이 갑자기 불어나는 것을 막아준다. 말 그대로 나무가 산을 살리고, 사람을 살린다.

사람을 살리는 일이라니, 뭔가 성스러운 의식을 치르는 듯한 기분에 우리는 ‘메아리’ 동요를 소리 높여 부르며 의기양양하게 산으로 향했다.

우리나라 산림녹화 사업은 남녀노소 지위고하를 막론하고 전 국민적 참여를 발판으로 하여 ‘신화’라고까지 불리며 국제적인 성공 모델이 되었다. 유엔 식량농업기구(FAO) 산림위원회는 1982년 보고서에서 한국을 제2차 세계대전 이후 유일하게 산림녹화에 성공한 개발도상국가로 꼽았다. 세계적인 환경운동가이자 생태경제학자인 미국의 레스터 브라운(Lester Brown) 지구정책연구소 소장은 2006년 출간한 저서 《플랜 B 2.0》에서 다음과 같이 상찬했다. “한국의 산림녹화는 기적 중의 기적이자 우리가 지구를 다시 푸르게 만들 수 있다는 희망을 찾을 수 있는 사례다.” 요컨대 나무가 산을 살리고 사람을 살리며, 지구를 살린다는 것이다.

그런가 하면 산을 죽이는 나무도 있다. 2007년 여름 송파구 자매도시인 뉴질랜드 크라이스트처치 시를 방문했을 때다. 나와 일행은 시의 주선으로 세계적 관광 명소라는 뉴질랜드 남서부의 밀포드 사운드(Milford Sound)를 돌아보게 되었다. 빙하가 깎아놓은 웅장한 절벽과 계곡, 낙차가 수백 미터에 이르는 거대한 폭포, 짙푸른 원시림과 거울처럼 맑은 호수…. 유네스코가 지정한 세계자연문화유산답게 어디에 카메라를 들이대도 고스란히 그림이 되는 절경 중의 절경이었다.

하지만 아름다운 풍경보다 더 인상적이었던 것은 세계에서 오직 밀포드 사운드에서만 일어난다는 '나무 사태'였다. 지형적 특수성 때문에 마치 산사태나 눈사태처럼 나무들이 일제히 무너져 내리는 현상이 정기적으로 나타난다는 것이다. 우리를 안내했던 가이드는 이렇게 말했다.

"이곳 땅은 거의 바위로 되어 있고, 바위 표면은 이끼로 덮여 있습니다. 나무가 좀처럼 뿌리를 내리기 힘들죠. 그런데 한 나무가 바위 틈을 비집고 뿌리를 뻗으면 주변의 나무들이 이 나무뿌리에 자기 뿌리를 엮어 몸을 지탱하고 이끼에서 양분을 얻어 자랍니다. 또 인근 나무들 역시 중심 나무에 의지해 살아가는 주변 나무에 뿌리를 얽습니다. 그러다 세월이 흘러 나무들이 고목이 되면 끝내 무게를 이기지 못하고 중심 나무를 필두로 모두 우르르 쾅쾅 무너져 내려앉습니다."

80년에서 160년에 한 번 꼴로 일어난다는 이 나무 사태는 산의 절반을 무너뜨릴 만큼 파괴력이 엄청나다는 것이 가이드의 설명이었다. 무시무시하지 않은가? 나무 하나로 나무숲, 나아가 산 전체가 공멸한다니 말이다.

생각해보면 조직도 마찬가지다. 한 사람이 조직에 활기를 불어넣고 변화를 주도하는가 하면, 한 사람으로 인해 조직 전체가 와해되기도 한다. 잉크 한 방울이 흰 옷을 버리고 작은 구멍 하나가 온 댐을 무너뜨리듯, 우리 주변에도 한 사람이 조직을 망치는 경우를 종종 볼 수 있다.

얼마 전 LG경제연구소에서는 '조직을 망치는 불량직원'을 대략 7가지 유형으로 분류한 보고서를 냈다. 여러 기업체 인사 담당자들을 인터뷰한 결과를 토대로 작성한 이 보고서에 따르면, 항상불만형, 임시체류형, 유아독존형, 마찰회피형, 좌충우돌형, 무임승차형, 홈런타자형 직원이 조직을 망치며, 이런 직원을 방치하면 구성원의 사기를 떨어뜨리고 결국 조직의 붕괴로 이어진다는 흥미로운 내용이었다. 불량직원도 그럴진대 만일 리더가 이런 유형이라면 그 결과는 말할 것도 없다. 리더라면 모름지기 중심을 단단히 잡고 조직이 탄탄히 유지되도록 이끄는 '우량 리더'가 되어야 한다.

밀포드 사운드의 바위산 앞에서 다들 입을 벌리고 나무 사태 이야기를 경청하고 있을 때, 뒤쪽에 있던 일행 중 한 명이 부하직원에게 속삭였다. 평소 계몽적인 교훈을 즐겨하기로 이름난 모 과장이었다.

"김 주임도 조직을 살리는 나무가 되어야 해. 나 하나로 조직이 살고 죽을 수 있는 것이야. 어떤 풍파가 있어도 발을 땅에 딛고 서서 흔들림 없이 듬직하게 일하라고. 암, 그래야 하고말고."

듣고 보니 김 주임뿐 아니라 누구라도 귀담아 새겨야 할 교훈이었다. '나'라는 개인 이전에 조직의 구성원으로서 한번 자문해보자. 당신은 산을 살리는 나무인가, 아니면 죽이는 나무인가?

# 여자라고 물러서면
# 여자라서 물먹는다

약한 자여, 그대 이름은 여자이니라.
셰익스피어, 《햄릿》 중에서

전 세계를 통틀어 여자와 관련된 가장 유명한 말을 꼽으라면, 셰익스피어의 희극 《햄릿》에 나왔던 "약한 자여, 그대 이름은 여자이니라"라는 대사가 아닐까 싶다. 부친이 죽은 후 숙부와 결혼한 어머니를 향해 햄릿이 던진 이 말은, 본래는 '여자'를 통해 '인간'의 연약함을 일갈하는 뜻으로 쓰였다. 하지만 세간에서는 문자적인 의미로만 해석하여 '여자는 연약하다'는 편견을 공고히 하는 용도로 활용되곤 한다.

'여자는 약하다'는 편견은 여성이 사회에서 당당히 서기 위해 반드시 넘어야 할 장애물이다. 타고난 힘이 약한 것이야 어쩔 수 없지만 여성이라는 점을 궂은일에 대한 '열외'의 이유로 삼아서도, 삼게 해서도 안 된다. 프로로, 나아가 리더로 올라서기 위해서는 말이다.

2008년 5월 5일 월요일, 광진구에서 AI(조류인플루엔자)가 발병했다는 뉴스가 전해졌다. 성남시 모란시장에서 구입해 구청 자연학습장에서 키우던 꿩과 닭들이 AI로 폐사했다는 것이다. 감이 좋지 않았다. 성남시와 광진구라면 송파구가 중간에 샌드위치 속처럼 끼어 있는 형국이었다. 즉각 관내 조류사육 실태 조사에 들어갔다. 문정과 장지 지구에서 불법 사육되는 조류는 8,000마리 이상으로 집계되었다. 토지보상법상 오리나 닭을 150~200마리 이상 키우면 축산농가로 인정받을 수 있는데, 이를 노린 주민들이 해당 지역에서 개발사업을 진행하는 SH공사로부터 손실을 보상 받기 위해 무단으로 가금류를 길렀던 것이다.

5월 8일 목요일, 당장 관내 오리와 닭 12마리를 잡아 국립수의과학검역원에 보냈다. 불길한 예감이 들었다. 5월 11일 일요일 오전에 방역당국에 보낸 오리 한 마리에서 바이러스 양성 반응이 나왔다는 정보가 입수되었다. 살처분이 시급했다. 서둘러 총무과를 통해 직원들에게 휴대전화 문자메시지로 긴급 소집 명령을 내리도록 했다. 그런데 공교롭게도 그날은 일요일이었고, 다음 날은 석가탄신일이어서 직장인들에게는 황금연휴 기간이었다. 과연 직원들이 얼마나 모일지 걱정이 앞섰다. 나중에 사실이 아니라고 판명되었지만, 앞서 다른 지역의 살처분에 동원되었던 군인이 AI에 감염되었다는 소문이 퍼져 있었다. 지방의 한 자치단체에서는 공무원들이 "우리더러 죽으란 말이냐"며 살처분 작업을 거부했다는 이야기도 들려왔다. 마음이 바짝 타들어갔다.

소집령을 내린 후 나는 현장으로 달려갔다. 직원들이 망설이지 않도록 먼저 앞장서서 들어가겠다는 비장한 마음으로 걸음을 재촉했다. 현장에는 각 언론사 기자들이 구름처럼 몰려와 있었다. 초조한 마음으로 직원들을 기다렸다.

하지만 걱정은 기우였다. 연휴를 맞아 부부여행을 떠났던 부구청장을 비롯해 오랜만에 고향을 찾았던 직원들이 전국 각지에서 한달음에 올라왔다. 지방에서 연수 중이던 노조 임원들도 팔을 걷고 달려왔다. 그렇게 300여 명이 모였다. 뒤늦게 당도한 사람들이 미처 숨을 돌리기도 전에 조를 짜서 하우스에 들어가려는데, 이번에는 주민들이 앞을 가로막았다. 지역에서 토지보상을 노리고 양봉업을 하던 주민들이었다. 그들은 살처분을 하면 벌들이 죽는다고 불평했다. 결국 현장 책임자로 SH공사의 보상 주선을 놓고 주민들과 담판을 짓는 사이에 직원들이 하우스에 들어갔다. 때는 저녁 7시 30분이었다.

정말이지 생지옥이 따로 없었다. 직원들은 한 손에는 손전등, 한 손에는 곤봉을 들고 비좁은 비닐하우스에 들어가 어둠 속에서 길길이 날뛰는 날짐승들을 때려잡아 자루에 넣었다. 순식간에 아비규환으로 변한 하우스 밖에는 커다란 포대자루가 산더미처럼 쌓였다. 마스크를 절대 벗지 말라는 보건소장의 경고가 있었기 때문에 직원들은 물 한 방울 마시지 못한 채 밤새도록 날짐승들을 뒤쫓았다.

어느새 동이 터왔다. 마구 쌓아올린 자루더미 안에서 닭들이 우는 소리가 들렸다. 죽음을 앞둔 순간에도 본능적으로 새벽을 알리는 무고한 생명들을 보고 있노라니 눈물이 주체할 수 없이 흘러내렸다.

작업은 다음 날 오전까지도 계속되었다. 그렇게 오래 걸릴 줄 알았다면 직원들에게 저녁밥이라도 든든히 먹일 것을, 고작 빵과 우유 하나로 밤새 무고한 생명을 몰살하는 참극에 투입된 직원들이 안쓰러웠다.

그 이튿날인 13일 화요일, 나는 당초 예정된 간부회의를 취소하고 대신 구내방송 마이크 앞에 앉았다. 직원들에게 고맙다는 말을 전하고 싶어서였다. 주저하기는커녕 당연히 할 일이라며 묵묵히 하우스로 들어가던 직원들이 떠올랐다. 울컥 하는 심정이 전해졌는지 이후 직원들로부터 크게 위로가 되었다는 말을 전해 들었다. 그 사건 이후 직원 간 결속은 한층 끈끈해졌다. 지금 생각해도 진정 고맙고 감사하고, 미안하고 감동스럽다.

이야기는 여기서 끝이 아니다. 당시 현장에 여직원은 단 한 사람도 없었다. 소집령을 내린 총무과에서 남자 직원에게만 연락을 돌렸기 때문이다. 위험한 일이라며 '당연히' 여자들은 제외된 것이다.

하지만 아직도 그렇게 끔찍하고 위험하고 힘든 작업에 불려가지 않아서 다행이라고 생각하는 여성들이 있는가? 오히려 화를 내야 하는 일임을 명심하라. 전쟁터에서는 산전수전, 공중전 다 거친 병사가 베테랑이고 조직에서는 고된 일, 어려운 일, 힘든 일을 다 거친 직원이 유능한 인재다. 험한 일이든 궂은일이든 일단 현장에 있고 각자 할 수 있는 일을 해야 한다. 혹시 빼준다고 해도 나서서 달라붙어야 한다. 그래야 경험도 생기고 상황에 대처하는 능력도 기를 수 있다. '여자이니까' 라는 이유로 제외되다 보면 배워야 할 일을 못 배우게 되고 나중에는 '경력 관리가 안 되었다' 는 낙인을 받는다. 이 낙인은 더 많은 기회, 더 높은 자리로 나아갈 때 당신의 발목을 잡는다.

여성친화제도에도 비슷한 함정이 있다. '소수자 보호' 라는 명분 아래 여성의 사회활동을 돕기 위해 만든 제도가 자칫 여성의 고위직 승진을 가로막는 걸림돌이 될 수 있다. 이런 사연으로 여성을 배제하고 저런 사연으로 배려하는 조치들이 여성의 경력을 제한할 수 있기 때문이다. 또 어느 정도 고위직에 오른 여성이 스스로 혜택을 입었다고 생각하면 오히려 본인의 능력이 폄하될 수 있다.

미국 노동부 산하에 설립된 '유리천장위원회(Glass Ceiling Commission)' 는 여성친화제도가 여성의 경력 관리에 어떤 영향을 미치는지 연구한 바 있다. 그 결과 이런 제도는 여성이 사회에 진출하는 초기에는 도움이 되지만, 여성이 조직에서 의사결정권이 있는 자리에 오르면 부정적인 영향을 줄 수 있다는 분석이 나왔다. 실제로 미국 500대 기업에서 일하는 인사 담당자의 45퍼센트가 여성의 경력 관리에 여성친화제도가 부정적인 영향을 미친다고 답했다.

물론 양성평등이 구현되지 않은 상황에서 여성인력 활용을 위해서는 일정 부분 여성친화제도가 반드시 필요하다. 하지만 그 과정의 후반에 도사리고 있는 함정에 빠지지 않으려면, 여성들은 각오를 두세 배 더 다져야 한다.

흑인여성으로 미국 국무장관 자리에 올랐던 콘돌리자 라이스는 자서전에서 이렇게 고백한 바 있다.

"소수자 수혜와 무관하게 내 능력을 입증하기 위해 '무엇이든 백인보다 두 배 더 열심히'를 신조로 삼고 노력했다."

여자라서 물러서면 여자라고 물먹는다. 부지런히 경험을 쌓고 역량을 키울 수 있도록 부단히, 치열히 노력하자. 여자 동료 아닌 동료로, 여직원 아닌 직원으로 어깨를 겨루는 날까지 두 배 더 과감히, 두 배 더 용감하게 일해야 한다.

# 혁신은 악조건 속에서 빛난다

창의성은 낯선 것에 대한 즐거움이다.
어니 젤린스키

1935년 8월, 미국의 한 고등학교 수영대회에서 세계 배영 100미터 부문 '마의 기록'으로 여겨졌던 1분의 장벽이 깨졌다. 우승컵의 주인공은 아돌프 키에퍼. 이전처럼 손으로 벽을 짚고 반환점을 도는 대신 몸을 회전해 발로 벽을 박차고 나가는 '플립 턴'을 시도한 것이 비결이었다. 이는 무게중심을 옮겨 운동 에너지를 보존함으로써 속도를 끌어올린 '속도 혁명'이었다.

1968년 멕시코올림픽 남자 높이뛰기 결승전. 모두의 예상을 뒤엎고 미국의 신예 딕 포스베리가 세계 신기록으로 우승했다. 남들처럼 앞으로 가로대를 뛰어 넘는 대신 뒤로 누운 자세로 막대를 넘는 '배면뛰기'를 한 것이 비결이었다. 무게중심을 옮겨 인간이 뛸 수 있는 한계를 10센티미터이상 끌어올린 '높이 혁명'이었다.

_삼성경제연구소 영상보고서 〈위대한 혁명들의 공통점〉 중에서

삼성경제연구소가 최근 내놓은 영상보고서 〈위대한 혁명들의 공통점〉에서는 혁명의 키워드로 '무게중심'을 꼽았다. 이전까지 당연하게 여겨졌던 무게중심을 옮겨 스포츠에서 신기록이 탄생한 것처럼, 개인과 기업도 '가치의 무게중심'을 바꿔 변화를 일으킬 수 있다는 것이 그 요지다. 풀어 말하자면 틀에 박힌 생각을 버릴 때 변화의 문이 열린다는 이야기다.

4분 남짓 걸리는 이 짤막한 동영상 한 편은 결코 짧지 않은 여운을 남겼다. 업무를 진행하면서도 생각을 조금 바꾸면 결과물이 현혁하게 달라지는 경우를 적지 않게 보아왔기 때문이다.

매년 가을 열리는 송파구의 대표 축제 한성백제문화제도 말하자면 '콘셉트'의 무게중심을 옮겨 혁신을 일군 경우다. 여기서 한성백제가 무엇인지 궁금해 할 독자들을 위해 잠깐 설명하고자 한다. '한성백제'란 백제가 건국하면서 하남위례성(현재 송파구 지역)을 수도로 삼았던 시기, 즉 기원전 18년부터 기원후 475년까지 전기 백제시대를 일컫는다. 이후 백제가 수도를 지금의 공주로 옮겼을 때를

'웅진시대', 다시 수도를 부여로 옮겼을 때를 '사비시대'라 부른다. 조선시대 현재 서울의 이름인 '한성'과는 전혀 다른 것이다. 서울의 역사를 논할 때 흔히 조선을 시작점으로 500년 도읍지, 600년 역사라 하지만 사실은 2,000년 전 찬란한 역사를 꽃피운 고대왕국 한성백제의 수도로 출발한 2,000년의 고도(古都)인 것이다.

어느 홍보 전략가의 말에 따르면, 0을 1로 만들 수는 없지만 1은 얼마든지 10으로, 100으로 만들 수 있는 것이 홍보라고 한다. 그렇다. 자랑스러운 역사를 되찾고 역사의 규모를 몇 배로 확장할 수 있는 한성백제의 역사를 활용하지 않는 것은 억울한 일이 아닐 수 없다. 이런 측면에서 한성백제문화제는 송파 주민들에게 유구한 역사를 간직한 도시에 산다는 자부심을 불어넣는 행사이면서, 서울이 2,000년 역사 도시임을 세계에 홍보할 수 있는 귀중한 도구다.

하지만 기존 한성백제문화제는 그 취지와 다소 거리가 있는 관제 동원 행사의 성격이 강했다. 1994년 첫 테이프를 끊은 이 축제는 예산상 문제로 2년에 한 번씩 격년제로 개최되었다. 프로그램도 주민자치센터를 통해 주민들을 불러 모아 형식적으로 보여주는 정도로 이루어졌다. 행사 일수는 5일이나 되어 집중도가 떨어졌고 장소도 관내 곳곳에 흩어져 있었다. 각 행사장에 모이는 사람들의 숫자는 많아야 1만 명 정도에 불과했고 행사에 대한 관심 또한 저조했다.

한성백제문화제를 제대로 활용하려면 '자발적 참여를 이끌어내는 신나는 축제'로 만드는 작업이 시급했다. 관계 부서와의 수차례 토론 끝에 선택과 집중, 스토리텔링, 주민참여형 프로그램이라는 3대 혁신 코드가 도출되었다.

이 3대 혁신 코드를 바탕으로 2007년 축제부터는 행사 장소를 올림픽 평화의 광장으로 집중시켰다. 행사 기간도 3일로 줄이는 대신 짜임새를 강화했다. 한성백제와 관련 없는 백화점식 프로그램들을 과감히 쳐내고, 오로지 한성백제의 역사성을 강조하는 데 초점을 맞추기로 했다. 그리고 이를 위해 백제문화 전문가들과 머리를 맞대고 철저한 고증을 통한 역사·문화 재현에 심혈을 기울였다. 행사도 격년에서 매년 여는 것으로 바꾸었다. 축제가 확실하게 자리 잡기 전까지는 그 존재를 확실히 인식시키는 것이 급선무라는 생각에서다.

가장 중요한 과제는 축제에 재미와 신명을 부여하는 일이었다. 이를 위해 문화 마케팅의 화두인 스토리텔링을 도입하기로 했다. 백제의 건국과 융성, 발전과 확장까지의 이야기를 담아내 흥미를 자아내자는 전략을 세웠다.

이와 같은 전략에 따라 축제의 하이라이트인 거리 행진은 테마를 부여해 더욱 성대하게 진행하는 한편, 주민이 직접 참여하는 백제문화 체험 프로그램을 대거 신설했다. 그중에서도 '백제마을 존(zone)'이 대표적인 프로그램이었다. 대장간, 장터, 무예장 등 당시 생활상을 재현하고 백제 의상을 직접 입어보거나 장터에서 전통 먹거리를 맛볼 수 있는 코너들을 마련했다.

결과는 대성공이었다. 행사를 전면 재정비한 2007년, 관람객 50만

명이 축제장을 찾았다. 1988년 올림픽공원이 만들어진 이래 최대 인파가 운집했다. 2008년에는 그 수가 60만 명으로 늘었다. 학생과 교사, 학부형들로부터 "우리 역사를 눈으로 보고 가슴으로 느끼는, 살아 있는 축제였다"는 평가가 쏟아졌고 연세대 도시공학과 이제선 교수는 "문화의 세계화 노력이 돋보였다"고 평했다. 주민들이 '보는' 행사에서 '참여하는' 행사로 콘셉트를 전환한 것이 축제의 매력을 끌어올렸던 셈이다.

이제 한성백제문화제는 동네 축제를 넘어 전 국민과 외국인이 함께하는 국제 규모의 행사로 태동하고 있다. 하지만 갈 길은 아직도 멀다. 예산과 조직의 한계가 있는 지자체의 노력만으로 지역의 역사문화를 보존하고 세계적인 문화관광 상품을 육성하기란 힘에 겨운 일이다. 한성백제문화제에 서울시와 국가 차원의 관심과 지원이 절실한 이유다.

그런데 사실 일을 하다 보면 늘 예산과 인력이 부족하기 마련이다. 예산과 인력이 넘쳐 맘껏, 양껏 쓸 수 있다면 그 누군들 무엇을 못하겠는가. 하지만 예산과 인력상 한계를 훌쩍 뛰어넘는 생각의 혁신이야말로 진정한 능력이다. 그리고 이 능력은 끊임없는 고민과 몰입에서 나온다.

# 우선 달래고,
# 그 다음에 이끌어라

사람들은 비판을 해달라고 하지만
정작 듣고 싶어 하는 것은 칭찬이다.
서머셋 몸

흔히 이래도 저래도 매한가지라는 의미로, '엎어치나 메치나, 궁둥이나 볼기짝이나' 라는 말을 한다. 그런데 엄밀히 따져보면 이 말들 간에는 다소 차이가 있다. 우선 엎어치든 메치든 누군가 바닥에 나가떨어지는 결과는 같지만 들어가는 기술이 다르다. 궁둥이와 볼기짝도 마찬가지다. 모두 엉덩이의 불룩한 부위를 지칭하지만 단어의 쓰임새는 다르다. 볼기는 보통 '맞다' '치다' '때리다' 등속의 단어와 어울려 쓰인다. 실제로 볼기란 예전의 태형(笞刑)을 속되게 이르는 말이었다. 반면 궁둥이는 보통 '두드리는' 것을 표현할 때 쓴다. 예를 들어 할머니가 어여쁜 손자를 안고 "어이구, 우리 강아지" 하며 엉덩이를 두드릴 때는 '궁둥이'라고 하는 것이 적절하다. 최근 인터넷상에서 칭찬이란 뜻으로 애용되는 '궁디(궁둥이의 사투리) 팡팡'도 같은 맥락이다. 요컨대 볼기는 '철썩'이요, 궁둥이는 '팡팡'이라고 할 수 있다.

뜬금없이 볼기짝과 궁둥이의 차이를 써내려간 이유는 이렇게 단어의 사전적 의미가 같더라도 전달되는 뉘앙스는 상당히 다르다는 점을 강조하고 싶어서다. 잘 알려진 대로 '아' 다르고 '어' 다르므로, '아'가 필요할 때는 아, '어'가 필요할 땐 어라고 해야 한다는 뜻이다. 말의 격을 높이려면 상황과 전하려는 뜻에 따라 적절한 단어를 선택하는 기술이 필요하다.

칭찬도 마찬가지다. 칭찬의 격을 높이기 위해서는 상황에 따라 적절한 타이밍에, 적절한 단어로, 적절하게 칭찬하는 기술이 필요하다. 이 기술은 상사에게 보내는 칭찬, 흔한 말로 '아부'에도 그대로 적용된다. 칭찬은 그 기술 수준에 따라 상사라는 고래를 춤추게 하는 격려가 될 수도, 동료들의 비웃음을 사는 낯간지러운 아첨이 될 수도 있다.

칭찬의 효과와 기술에 대해서는 여러 매체에 이미 많이 나와 있기 때문에, 여기서는 '아부'로 이야기의 초점을 좁혀볼까 한다.

우선 아부의 효과부터 따져보자. 당연한 말이지만 상사도 사람이다. 윗사람에 대한 인정과 격려는 분명 상사의 자신감을 고양하는 양분이 되며 상사의 호의를 얻는 데 플러스 요인이 된다.

'진정한 아부'는 상사를 개조하는 효과도 있다. 《아첨론》이라는 책에 소개된 프랑스 사상가 라 로슈푸코의 말에 따르면, "칭찬을 받으면 그 값을 하려는 마음에 우리는 장점을 더 키우려 노력하고, 재치나 용기 또는 외모를 칭찬 받으면 이를 더 발전시키려고 힘쓴다"는 것이다. 사마천의 《사기》에도 이와 유사한 조언이 있다. "우선 달래고, 그 다음에 이끌어라." 상사에게 조언해야 할 때 기억해둘 만한 요령이다.

행여 입에 발린 소리를 하라는 말로 오해하지 않았으면 한다. 전설처럼 전해지는 "각하, 시원하시겠습니다!" 류의 저급한 아첨은 아예 논외로 하자. 상사라는 자리에 있다 보면, 마치 교단에 선 교사에게 학생들의 행동거지가 낱낱이 보이는 것처럼 직원들의 속내가 훤히 보인다. 보상을 기대하며 낯간지러운 아첨을 하는 사람은 윗사람에게 신뢰 받지 못하고 비굴한 '딸랑꾼'이란 낙인이 찍힌다. 다음은 비굴해 보이지 않으면서도 상사에게 기운을 주고 사기를 북돋는 '고품격 아부'의 기술이다.

## 팩트가 중요하다

아부를 할 때 가장 유념할 점은 반드시 사실에 기반해야 한다는 것이다. 실제와는 상관없이 그저 듣기 좋은 소리를 번지르르하게 늘어놓는 것은 모사꾼들의 아첨이다. 상식적인 상사라면 자신의 약점과 강점을 이미 안다. 따라서 상사의 강점에 구체적으로 박수를 보내는 것이 기술 중의 기술이다. 이는 상사의 업무 노하우를 배우는 데도 효과적이다. 상사의 능력에 적절한 감동을 표시해보라. 그 내공을 전수 받을 문이 활짝 열릴 것이다.

## 어감을 점검하라

글머리에서 이야기한 것처럼 상사와 대화할 때도 단어에 따른 뉘앙스를 잘 살펴야 한다. 2009년 7월 미국 출장을 갔을 때다. 출장 중 집중호우가 쏟아져 송파구 관내 한 아파트 주차장이 내려앉는 사고가 있었다. 다행히 인명 피해는 없었지만 가슴이 철렁해지는 사고였다. 귀국 후 이 사고에 대해 누군가 이렇게 말했다.

　"구청장이 집을 안 지켜서……."

　반면 누군가는 이렇게 말했다.

　"구운(區運)이 자리를 비워……."

　어떤가? 같은 말이라도 느낌이 확 다르지 않은가? 듣는 입장에서 어떤 쪽에 호감이 갈지는 굳이 말하지 않아도 알 것이다.

## 은근함이 미덕이다

노골적인 아첨은 역효과를 낸다. 언뜻 언뜻 속내를 비추는, 은근하면서도 세련된 아부가 주효하다. 19세기 영국의 교직자였던 찰스 케

일러브 콜턴은 저서 속표지에 '생각하는 사람들에게 하는 이야기'라 적었다고 한다. 자신의 책을 읽는 독자들을 '생각하는 지성'으로 슬쩍 높이는 그의 기술이 멋지지 않은가? 〈타임〉지 편집장을 지낸 리처드 스텐걸도 저서 《아부의 기술》에서 이렇게 말했다.

"마키아벨리는 15세기에 피렌체의 위대한 통치자였던 로렌초 메디치의 비위를 맞추기 위해 《군주론》을 헌정하면서, '시대가 위인을 찾고 있는데 오직 로렌초만이 시대의 공백을 채울 수 있을 뿐'이라는 찬사를 보냈다. 그는 결코 로렌초가 당대 최고의 인물이라는 식의 직접적인 아부는 하지 않았다."

## 유쾌한 아부에는 당할 자가 없다

마지막으로 강조하고 싶은 기술은 유머 감각이다. 재치 있는 유머는 고품격 아부를 구사하게 해주는 일등공신이다.

신문사에 다니는 후배가 들려준 이야기다. 이 후배가 일하던 부서에는 진정한 '아부의 달인'이 있었다. 남들이 하면 시쳇말로 '손발이 오그라들' 정도의 아부도 이 사람의 입을 빌리면 듣는 이의 기분을 한껏 띄우면서도 모두에게 큰 웃음을 준다는 것이다.

볕이 유난히 좋은 어느 날, 그 후배가 있던 부서의 부장 이하 직원들이 모두 점심식사를 하러 나갔다. 이때 이 아부의 달인이 그윽한 눈빛으로 부장을 바라보며 이렇게 말했다. "아, 이렇게 날이 화창하다니. 모두 부장님의 은덕입니다." 이 말을 들은 부장님의 표정은 날

씨만큼이나 화사해졌다고 한다. 중요한 것은 다른 직원들에게도 이 말이 '순정한 유머'로 받아들여졌다는 점이다.

다음 날이었다. 직원들이 또 함께 점심식사를 하러 나갔다. 그런데 전날과는 딴판으로 하늘에서 우르릉 쾅쾅 천둥이 울리고 비바람이 내리쳤다. 모두의 시선이 그 달인에게로 쏠렸다. 좋은 날씨가 부장 덕이라면 궂은 날씨 또한 부장 탓이 아닌가 하면서 그가 어떻게 말할지 궁금했던 것이다. 하지만 그는 눈 하나 깜빡하지 않고 이렇게 말했다. "아, 이렇게 날이 험하다니. 모두 직원들이 부덕한 소치입니다." 그 부장님의 기분은 과연 어땠을까? 이 날 역시 모두가 유쾌한 기분으로 식당으로 향했다고 한다.

듣는 이의 기분을 드높이면서 주변 사람들까지 유쾌하게 만드는 것, 이것이 바로 사려 깊고 격조 있는 아부의 최고봉이 아닐까 한다.


조직 생활을 하다 보면 회사 내외 다양한 조직, 다양한 상하관계의 구성원들과 일을 추진하는 경우가 많다. 복잡다단한 관계 속에서 칭찬 혹은 아부는 지위고하에 관계없이 타인과의 친화력을 높이고 커뮤니케이션을 활발히 하는 데 상당한 효용을 발휘한다.

정리하면, 격조 있는 아부는 상사를 춤추게 하고 상사는 제대로 아부하는 직원에게 끌린다는 것이다. 고로 진실하고 적절하게, 은근하고 유쾌하게 아부하라. 물론 막강한 내공을 갖춘 다음에 말이다.

한 가지 덧붙여 관리자급 여성들에게 내가 직원들과 대화할 때 즐겨 쓰는 효과 만점의 칭찬 팁을 알려주고자 한다.

"그거 정말 좋은 지적인데?"

지나가듯 한마디만 던져도 듣는 직원의 어깨가 쫙 펴진다. 관리자라면 적절히 활용해보길 바란다.

# 상상력은 창조의 어머니다

현재 증명된 것도 과거에는 상상하던 것이다.
윌리엄 블레이크

'길치'로 유명한 친구가 있었다. 어느 정도인가 하면 10여 년을 오간 출근길도 주말을 건너뛰고 월요일 아침에 나서려고 하면, 조금 과장을 보태 생전 처음 가는 길처럼 느껴진다는 정도였다. 어쩌다 표식으로 정해둔 건물이나 간판이 사라지기라도 하면 등에 주르륵 식은땀이 흐른다고 했다. 친구들끼리 이 친구 차를 타고 갈 때면 당연히 몇 바퀴는 헤맬 것이라고 으레 생각했다. 우리는 "언젠가 길을 척척 알려주는 기계가 나오지 않겠냐"며 이 친구를 위로하곤 했다.

그런데 몇 년 전 정말 내비게이션이라는 기계가 등장했다. 우리의 상상이 이루어진 것이다. 심지어 "어디!"라고 말하면 그곳을 재깍 알려주는 음성인식 기능까지 나왔다니, 현실은 상상을 훌쩍 앞지르는 것 같다(우리의 길치가 누구보다도 먼저 내비게이션을 설치했음은 물론이다).

사실 생각해보면 상상은 언제나 기술과 문명 발전의 원천이었다. 새처럼 하늘을 날고 싶다는 인간은 '하늘을 나는 양탄자' 이야기를 지어냈고, 나중에 결국 비행기가 발명되어 이 상상은 현실이 되었다.

인공위성, 위성통신, 우주정거장, 무선네트워크, 인터넷, GPS, 청정에너지도 마찬가지다. 오늘날 조금도 특별할 것 없는 이 기술들도 과거에는 공상과학 소설에서나 가능한 상상이었다. SF소설의 대가로 꼽히는 영국의 아서 클라크(1917~2008)가 수십 년 전 소설에서 이런 개념들을 설파했을 때만 해도, 당시 과학자들은 허무맹랑한 이야기라며 비웃었다. 하지만 '무모하고 허황된' 그의 소설 속 상상은 오늘날 대부분 현실로 구체화되었다. 이는 아서 클라크가 공상과학 소설가보다 미래학자로 일컬어지는 이유이기도 하다.

'신기한 놀이터'로 유명한 송파구 장지동 기후놀이터(희망어린이공원)도 이렇게 언뜻 스친 상상에 살을 붙인 것이다. 2008년 12월 문을 연 기후놀이터는 아이들의 놀이 활동에서 발생하는 운동에너지를 전기에너지로 바꿔 활용하는 국내 최초의 친환경 놀이터다. 이곳에 설치된 회전자전거, 허리 돌리기 등 놀이기구 4종에는 자가발전기가 달려 있어 아이들이 기구를 타고 놀면 전기가 발생한다. 생산된 전기로는 휴대전화 배터리를 충전할 수 있고 공원 내 분수를 작동하거나 가로등 불도 켤 수 있다. 아이들은 달릴수록 올라가는 전기량 눈금을 보며 전기가 거저 얻어지지 않는다는 사실을 온몸으로 배운다. 더불어 환경에 대한 관심도 자연스럽게 싹틔운다.

이 일석다조형 기후놀이터는 2008년 송파구 내 놀이터를 이야기가 있는 테마형 놀이터로 리모델링하는 과정에서 탄생했다. 담당자로부터 테마 놀이터 계획을 보고 받고는 어떤 주제가 좋을지 궁리하던 차에 예전에 생각했던 '놀이터 발전소'가 떠올랐던 것이다.

놀이터에서 아이들이 노는 모습을 보면 그렇게 에너지가 넘칠 수 없다. 그네로, 미끄럼틀로 쉴 새 없이 돌아다니는 모습이 부지런하기도 하다. 아이를 돌보는 어른들은 지쳐서 당장이라도 나가떨어질 것 같은 표정이지만 꼬마들은 조금도 지친 기색 없이 신이 나서 뛰논다. 이런 광경을 볼 때마다 '저 시소에 방아를 달아 쌀을 빻으면 괜찮겠네' '그네에 큰 바람개비를 달면 선풍기가 따로 없겠네' 하는 상상을 했다.

때마침 영국의 한 나이트클럽에서 바닥에 특수 장치를 설치해 사람들이 춤을 추면 전기가 생산되도록 했다는 외신이 전해지면서, 이 놀이터 발전소 아이디어는 빠르게 구체화되었다. 나이트클럽에서 전기를 만들 수 있다면 놀이터에서도 얼마든지 가능할 것이기 때문이다.

이렇게 해서 '기후놀이터'라는 획기적인 공간이 탄생했다. 이곳은 KBS 방송 〈스펀지〉를 비롯해 언론의 조명을 받으면서 전국적인 유명세를 타기도 했다. 지금도 인근은 물론 다른 지역 어린이들의 놀이원정이 이어진다. 거창하지는 않아도 상상이 이루어낸 근사한 성과다. 혹시 아는가? 이 놀이터를 시작으로 대한민국 전체가 거대한 친환경 발전소가 될지?

오늘날 국내외 기업들도 바로 이 상상력에 주목한다. 예술적 감성으로 세계적 패션하우스로 발돋움한 베네통, 오락 게임을 가족 모두의 엔터테인먼트로 끌어올려 세계를 제패한 닌텐도 등 빛나는 상상력으로 성공 신화를 써내려간 사례들이 많다. 어린아이가 쌀독부터 변기에 이르기까지 모든 사물을 놀이도구로 바꿔버리듯, 창조적인 상상력을 통해 기존 맥락을 바꾸고 전혀 새로운 관점을 얻을 수 있다는 것이 전문가들의 분석이다.

나는 특히 리더에게 상상력이 좀더 필요하다고 생각한다. 직원들에게 '창조'를 요구하면서 정작 본인은 어제나 오늘이나 똑같은 소리를 한다면 명분이 설 자리가 없다. 그렇다면 상상력을 과연 어떻게 키워야 할까? 나는 주로 업무 이외 영역으로 시선을 돌리곤 한다. 일과 상관없는 책도 뒤적여보고 영화도 보러 다니고 훌쩍 여행도 떠나보라. 전에 몰랐던 새로운 시각, 새로운 생각이 조금씩 고개를 들 것이다. 그 다음에는 자유분방한 상상에 실체를 부여할 방법까지도 상상한다. 실행이 뒤따를 때 세상을 바꾸는 크고 작은 혁신을 실현

할 수 있기 때문이다.

　일상을, 조직을, 세상을 바꾸고 싶다면 상상하라. 더불어 상상을 실행할 방법을 찾아라. 현재 상상하는 것이 멀지 않은 미래에 실현될 것이다.

# 꺼진 불도 다시 보고
# 버린 물도 다시 보자

진정 무엇인가를 발견하는 여행은
새로운 풍경을 바라보는 것이 아니라,
새로운 눈을 가지는 것이다.
마르셀 프루스트

어릴 적 어머니는 내게 꾸지람이나 잔소리를 하실 때 꼭 속담을 인
용하셨다. 아침에 빨리 일어나라고 채근하실 때는 "일찍 일어나는
새가 벌레를 잡는다"고 하셨고, 공부를 할 때 진득하게 하라고 훈시
하실 때는 "가다가 중지하면 아니 가는 것만 못하다"는 속담으로 마
무리하셨다. 나는 그럴 때마다 속으로 몰래 토를 달곤 했다. '일찍
일어나는 벌레가 새에게 잡아먹힌다' 거나 '가다가 중지해도 간 것만
큼은 남는다' 고 중얼거리며 말이다.

그런데 어떤 속담은 삐딱한 내 의도와 달리 제법 그럴듯한 교훈으로 뒤집히기도 했다. 이를테면 매사에 조심하라는 어머니의 당부에 이어졌던 "꺼진 불도 다시 보자"가 그랬다. 어머니의 의도는 '꺼진 불에도 큰 불로 이어질 불씨가 도사리고 있을 수 있으니 방심하지 말라'는 것이었는데 이를 뒤틀다 보니 '꺼진 불에도 따뜻한 불을 피울 불씨가 남아 있을 수 있다'는 긍정적 메시지가 탄생한 것이었다.

소심한 반항에서 탄생한 '꺼진 불'의 새 메시지는 의외로 써먹을 곳이 많았다. 특히 최근 들어 창조와 창의가 사회적 화두로 부상하면서 인용할 일이 부쩍 많아졌다. 일상에 널린 '꺼진 불'에 독창적인 창조의 불씨가 숨어 있는 경우가 적지 않기 때문이다. 이 '꺼진 불'의 교훈이 적용된 사례로는 송파구가 자랑하는 생태하천인 아름다운 성내천을 들 수 있다.

송파구 잠실 일대를 흐르는 성내천은 여름을 알리는 전령사다. 해마다 6월 중순이 되면 텔레비전, 신문 할 것 없이 '성내천 물놀이장 개장' 소식으로 여름의 시작을 전한다. 어린이들이 물장구치며 놀기에 제격인 이 물놀이장은 멀리 경기도에서 아이들끼리 원정을 올 만큼 인기다. 하지만 이곳 외에도 성내천이 자랑하는 매력은 무수하다. '한국의 아름다운 100대 하천'으로 당당히 이름을 올린 성내천은 사계절 물줄기가 흐르고, 연초록 물풀 사이로 참붕어, 피라미 등이 헤엄치는 자연생태하천이다. 맑은 물에서만 사는 다슬기와 재첩이 바글거리고, 계절에 따라 청둥오리와 왜가리가 마치 제 집인 양

날아든다. 봄과 함께 길가에 선 왕벚나무가 흐드러진 꽃다발로 아름다움을 뽐내고 나면 구절초, 붓꽃 등 야생화들이 철마다 돌아가며 꽃망울을 터뜨린다. 또한 잘 정비된 주변 산책로와 자전거 길, 공연장과 음악 분수 같은 부대시설도 하루 종일 활기가 넘친다. 아이들에게는 시골이 부럽지 않은 자연학습장이다.

성내천을 더 특별하게 하는 것은 이곳이 과거 30년 동안 버려졌던 죽은 하천이었다는 점이다. 1970년대 초반 시 당국이 치수를 위해 하천 바닥을 시멘트로 덮어버린 이후 성내천은 여름 장마철을 빼고는 바닥을 드러내는 건천이 되었다. 물이 말라버린 콘크리트 바닥에는 쓰레기가 나뒹굴고 여름이면 모기와 쓰레기 썩는 냄새로 인근 주민들이 창문을 열지 못할 정도였다. 지역의 흉물이자 죽음의 표상이었던 그 하천을 기억하는 주민들에게 성내천의 부활은 마치 기적과도 같았다.

이 성내천의 기적은 생뚱맞게도 지하철역에서 태동했다. 2000년대 초 구청의 한 직원이 집 근처인 마천역과 거여역에서 지하수, 즉 용출수가 한강에 그대로 방류된다는 사실을 우연히 알게 되었다. 멀쩡한 물 수백 톤이 그냥 버려지는 것을 아깝게 여긴 그는 지하철역을 지날 때마다 물을 활용할 방법을 궁리하던 중 그 물을 말라붙은 성내천에 흐르게 하면 어떨까 생각했다. 그 직원은 자신이 일하는 치수과에 아이디어를 냈고, 이 아이디어는 곧 받아들여져 지하철역에서부터 성내천까지 도로를 따라 지하수관을 묻었다. 작업이 끝나자 성내천에는 양이 많지는 않지만 깨끗한 물이 흐르기 시작했다. 담당 부서는 내친 김에 성내천에 한강 원수를 끌어들여 하천 유량을 늘리는 한편, 주변에 물놀이장, 인공폭포, 음악 분수대 등 주민들을 위한 공간을 만들었다.

그러자 인적이 드물었던 성내천에 주민들의 발길이 이어지기 시작했다. 송파구는 이에 탄력을 받아 이곳을 도심 속 자연친화형 하천으로 변모시켜 나갔다. 버려지는 지하철 용출수를 아깝게 여긴 한 직원의 창의적인 '오지랖'이 죽음의 하천을 한국에서 가장 아름다운 생태하천으로 부활시킨 것이다. 성내천 복원에 활용된 절묘한 물 조달 방식과 생태하천 조성 노하우는 이후 서울시의 청계천 개발과 전국 여러 지자체의 건천과 지천 살리기 모델로 활용되었다.

생각해보면 비즈니스든 행정이든 우리에게 필요한 창조지능이나 창의성은 예술적인 독창성이 아니다. 성내천 살리기에서 보듯이, 일상에서 맞닥뜨리는 모든 것을 주의 깊게 관찰하는 것이 생활형 창조 또는 실용형 창조의 출발점인 것이다. 송파에서 버려진 은행잎을 남이섬에 깔았던 ㈜남이섬의 강우현 대표는 '창의경영 비결'에 대해 이렇게 말한다. "버리는 것을 다시 찾아 쓰다 보니 창조경영을 한다고 하고, 사진이 찍힐 만한 장소를 많이 만들다 보니 디자인경영을 한다고 하더라." 언뜻 농담 같지만 곰곰이 생각해보면 창조적 발상이란 거창한 데서 나오지 않는다는 메시지라 할 수 있다.

학계에서도 비슷한 이야기를 한다. 미국 노스웨스턴 대학 켈로그

경영대학원의 앤드류 라제기 교수는 명저 《리들(The Riddle)》에서 이렇게 말했다. "비즈니스 세계에서는 순도 100퍼센트의 새로운 아이디어는 없으며, 비즈니스 창의성이란 우리의 생각을 시장 경쟁력이 있는 아이디어로 통합하고 재조합해내는 능력을 말한다. 이는 우리의 모든 경험과 지식을 토대로 한다. 따라서 이것은 몇몇 경영 천재들의 전유물이 아니라 기업에서 일하는 모든 이에게 잠재해 있는 사고 과정과 능력이다."

요약해보면 평범한 개인도 관심과 노력을 통해 얼마든지 창의적 아이디어를 발현할 수 있다는 이야기다. 물론 경험과 지식이 뒷받침되어야 하겠지만 말이다. 그렇다. 꺼진 불도 다시 보고 버린 물도 다시 보자. 남들이 보지 못한 위대한 기적이 숨어 있을지 모른다.

# 내가 가는 길이
# 트렌드가 되게 하라

99퍼센트의 인간은 현재를 보면서 미래가 어떻게 될지를 예측하고,
1퍼센트의 인간은 미래를 내다보면서 지금 현재 어떻게 행동해야 될지를 생각한다.
물론 후자에 속하는 1퍼센트의 인간만이 성공한다.
그리고 대부분이 1퍼센트의 인간을 이해하기 어렵다고 말한다.
간다 마사노리

'나는 그 누구와도 같지 않다. 내가 곧 스타일이다.'

위 문구는 요즘 지하철역에 걸려 있는 영화광고 카피다. '내가 곧 스타일'이라니, 일견 거만해 보이지만 그 주인공이 현대 여성 복식사를 바꾼 전설적 디자이너 코코 샤넬이라면 이야기가 달라진다.

오늘날 값비싼 명품 브랜드의 대명사가 된 샤넬은 코코 샤넬의 실용적이고 혁명적인 정신에서 태동했다. 샤넬은 당대 귀족 여성들의 패션이었던 숨 막히는 코르셋과 치렁치렁한 드레스, 과장된 모자에

반기를 들었다. "편안함이 없는 럭셔리는 럭셔리가 아니다"라는 기치 아래 심플한 블랙원피스, 카디건형 재킷과 무릎길이 스커트, 활동하기 편한 바지, 어깨에 멜 수 있는 핸드백 등 실용적인 디자인을 내놓았다. 샤넬의 파격적인 패션 혁명은 여성들에게 자유를 선물했고 이후 전 세계를 관통하는 트렌드로 자리 잡았다.

패션사는 물론 여성사에 일획을 그은 샤넬의 패션 혁명기에서 바로 트렌드세터가 되는 법칙을 찾을 수 있다. '자유'에 대한 여성들의 욕구를 읽고(통찰), 기존의 패션 법칙에 얽매이지 않으며(도전), 새로운 스타일을 창조함으로써(혁신) 이를 거대한 조류로 만들어낸 것이다. 그 뒤에는 "일하지 않는 일요일이 가장 싫다"고 했을 정도로 뜨거웠던 샤넬의 열정이 있었다.

이 법칙은 패션 이외 영역에도 얼마든지 적용할 수 있을 것 같다. 송파구에서 시행되었던 남자화장실 기저귀 갈이대, 가임여성 수영장 할인제, 아토피 없는 어린이집 등의 정책들도 결국 통찰, 혁신, 도전, 그리고 열정에서 나온 것이었다.

## 통찰 – 니즈를 읽어라

새로운 정책이나 제도를 만들 때도 통찰은 대단히 중요하다. 구청의 고객인 주민들이 무엇을 원하는지, 무엇을 원할지를 읽어내는 눈이 있어야 앞서가는 정책을 만들 수 있다. 그 통찰은 세심한 관찰에서 나온다.

2007년 송파구가 국내 최초로 남자화장실에 기저귀 갈이대를 도입한 정책도 관찰과 통찰에서 나왔다. 요즘 젊은 부부들을 보면 아빠가 아기를 안고 다니는 경우가 많다. 육아가 부부 공동의 책임으로 여겨지면서 소위 '프렌디(friendy, 친구 같은 아빠)'라 불리는 신세대 아빠들이 늘어난 덕분이다. 그런데 문제는 아기를 데리고 외출한 아빠들이 기저귀를 갈 곳이 마땅치 않다는 것이었다. 그래서 우선 구청과 보건소 남자화장실부터 접이식 기저귀 갈이대를 시범 설치하기로 했다.

그러자 곧 "기저귀 갈이대를 늘려달라"는 요청이 이어졌고, 결국 유동인구가 많은 공원 화장실과 공공기관으로 시설을 확대했다. 남자화장실 기저귀 갈이대는 이후 다른 구청, 백화점, 지하철역 등으로 확산되었다. 이 정책은 사람들의 구체적인 니즈를 파악하는 통찰의 산물이었다.

## 도전 – 처음을 즐겨라

직원들로부터 가장 많이 듣는 말 중 하나가 바로 "그런 전례가 없어서…"다. 하지만 '전례'라는 버스 노선에는 '혁신'이라는 정거장이 없다. 2007년 3월, 송파구는 국내 최초로 가임여성을 대상으로 수영장 이용료 할인제도를 시행했다. 여성들이 생리 기간에 수영장을 이용하지 못하는 점을 감안해 정기 이용료를 5퍼센트 깎아주거나 이용 기간을 5일 연장해주는 것이다. 한 시민단체가 국가인권위원회에 생리할인을 인정하지 않는 수영장 요금은 성차별이라는 진정서를 제출한 것이 그 단초였다.

사실 생리는 여성들이 선택할 수 있는 것이 아니며 각자에게 책임이 있는 개인 사정이 아니다. 그런데도 생리 때문에 경제적 피해를 받는다는 것은 차별이자 공정거래에도 어긋나는 일이다. 그래서 우선 구립 체육문화회관 수영장에서 할인을 실시하기로 했다.

여론은 찬반으로 나뉘어 들끓었다. 환영과 기대도 쏟아졌지만, 한국 여성은 생리도 요란하게 한다는 비아냥거림과 더불어 수영장 경영에 타격이 크리라는 우려도 비등했다.

하지만 막상 정책을 실시하자 여성 회원 수는 오히려 늘었다. 수입 감소를 우려한 수영장들은 주민이 선호할 만한 프로그램을 더 많이 개발하면서 전체 회원 수를 늘렸다. 이에 힘입어 구에서는 2008년 5월부터 할인율을 10퍼센트로 올리고 할인 대상 수영장도 확대했다. 이 생리할인제는 이후 강동, 관악 등 서울시 다른 구를 비롯해 천안, 부산, 울산, 대전 등 전국 단위로 확산되었다.

## 혁신 – 없으면 창조하라

'세상엔 왜 이런 게 없을까?'

누구나 살아가면서 이런 생각을 한두 번쯤 해봤음직하다. 혁신은 '왜 없을까' 란 생각을 '한번 만들어보자' 는 시도로 연결할 때 탄생한다.

송파구는 국내에서 처음으로 아토피 없는 친환경 어린이집을 선보였다. 그러자 아토피 없는 어린이집이 세워진 아파트 단지에는 인근 구에 사는 아기 엄마들의 위장전입이 줄을 이었을 정도로 그 수요가 많았다.

아토피 없는 어린이집은 어느 날 받은 한 통의 편지에서 출발했다. 아이가 아토피를 앓고 있다는 한 30대 아빠가 보내온 사연이었다. 편지에는 세상에 아토피 어린이를 보낼 만한 어린이집이 단 한 군데도 없어 아내가 직장을 그만두어야 했다며, '어머니 구청장'으로서 이 문제에 관심을 가져달라는 호소가 담겨 있었다. 그래서 관내 아토피 어린이 현황을 조사한 결과 그 수가 무려 200여 명에 달한다는 사실을 알았다. 우리나라 어린이 10명 중 3명이 아토피를 앓고 있다는 자료도 있었다. 이런 상황인데도 아토피 어린이를 배려한 시설은 정말 단 한 곳도 없었다.

그래서 아토피로 고생하는 어린이를 위한 보육시설을 만들기로 했다. 쉬운 작업은 아니었다. 매뉴얼이 없다 보니 맨 땅에 헤딩하는 것 같았다. 그래서 국내외 전문가들에게 물어물어 일을 진척시켰고, 그러다 보니 조금씩 그림이 그려졌다.

우선 실내 온도와 습도를 최적 상태로 유지하는 첨단 시스템을 갖추었다. 벽면은 자연 추출물로 만든 천연 페인트로 칠하고 아토피 진정 효과가 있는 편백나무 욕조, 자작나무로 제작된 친환경 가구를 짜 넣었다. 식탁에는 친환경 농산물로 만든 먹거리를 올리고 아토피 어린이를 위한 별도의 식단도 마련했다. 아이들의 아토피 증세를 보살펴줄 상주 간호사도 투입했다. 약 1년에 걸쳐 준비한 결과 송파여성문화회관 2층에 아토피 없는 어린이집 1호가 첫선을 보였다. 한 엄마의 입을 빌자면 '꿈의 어린이집'이 문을 여는 순간이었다.

이 시도의 반향은 매우 컸다. 환경보건단체, 교육단체, 언론의 주목을 받았을 뿐 아니라 서울시에서도 '아토피 없는 서울 프로젝트'를 추진하고 나섰다. 현재는 서울시 모든 구에 아토피 없는 어린이집을 한 개 이상 의무적으로 설치해야 한다. 없다고 생각하지만 말고 실행으로 옮길 때 비로소 혁신이 이루어지는 것이다.

## 열정 - 맹렬히 몰입하라

워크홀릭으로 유명했던 샤넬은 자신의 성공 비결에 대해 "맹렬하게 일하는 것"이라고 했다. "쉬는 것보다 나를 피곤하게 하는 것은 없다"는 어록까지 남겼다니, 그 열정을 가히 짐작할 만하다.

사실 나는 일할 때는 하고 쉴 때는 쉬어야 한다고 생각하는 사람이지만, '맹렬함'이 성공에서 빠질 수 없는 불변의 요건이라는 데는 조금도 이견이 없다. 여기서 맹렬함은 '몰입'이란 단어로도 바꿀 수 있다. 몰입 전문가로 이름난 황농문 서울대 교수는 그의 저서 《몰입》에서 "몰입은 개인의 천재성을 일깨워줄 열쇠다"라고 말했다. 노래든 춤이든, 일이든 사업이든 정치든 자신마저 잊고 전력투구할 때 '내 안의 천재성'을 깨울 수 있다는 의미다.

더 맹렬히 일해야겠다. 자신만의 스타일이 직장에서뿐 아니라 사
회 트렌드로 자리 잡는, 그래서 코코 샤넬처럼 "나는 그 누구와도 같
지 않았다. 내가 곧 혁신이었다"고 당당히 말할 날을 꿈꾸도록 하자.

# 패 하나로
# 두 가지 이익을 노려라

사고를 멈추는 가장 확실한 방법은 한 가지 분야의 책만 읽고
한 가지 분야에서 일하는 사람들과만 대화하는 것이다.
존 로크

가끔 구내 노인문화센터를 돌아보곤 한다. 예전에는 대개 경로당으로 불리던 이곳은 이름이 바뀌었어도 안을 둘러보면 예나 지금이나 크게 달라진 것이 없다. 별다른 가구나 문화시설 없이 너른 방 안에 할아버지, 할머니들이 삼삼오오 둘러앉아 화투를 치고 계신다. 점당 10원짜리 소박한 고스톱이지만 경기에 임하는 어르신들의 눈빛은 승부욕으로 뜨겁기만 하다.

어쩌다 친구들과 여행을 가도 고스톱을 즐기는 몇몇은 밤이면 어

김없이 고스톱 판부터 벌인다. 잡기에 그다지 능한 편이 아닌 나는 주로 옆에서 구경을 하는 축인데 끽해야 몇천 원 따고 잃는 화투놀이에 왜들 그리 열을 올리는지 늘 의문이었다.

그런데 최근 생각이 바뀌었다. 고스톱을 한번 제대로 배워보고 싶어졌다. 아마 고스톱을 즐기는 친구가 이메일로 보내준 유머를 보고 나서부터였을 것이다. 메일에는 '고스톱에서 배우는 10가지 인생 교훈'이라는, 우스갯소리이면서도 뼈 있는 유머 한 토막이 담겨 있었다. 이 글의 내용을 결론적으로 말하자면, 고스톱은 한 패 한 패 희로애락이 갈리는 한 편의 인생사요, 그 용어에는 인생을 살아가는 데 도움이 되는 값진 조언이 들어 있다는 것이다. 그냥 지나쳐버리기엔 아까워 아래 그 내용을 옮겨보고자 한다.

### 첫째, 낙장불입

잘못 낸 패를 물릴 수 없듯, 인생에서도 한 번 실수가 돌이킬 수 없는 패착이 될 수 있다.

### 둘째, 밤일낮장

같은 패를 뽑아도 밤과 낮에 대접이 다르듯, 모름지기 일을 할 때는 나중으로 미루지 않고 정해진 시간 안에 끝내야 한다.

### 셋째, 비풍초똥팔삼

화투 패에 버리는 전략적 순서가 있듯, 선택의 연속인 인생에서도 우선순위를 잘 따져 위기 상황을 극복해야 한다.

**넷째, 광박**

고스톱에서 최소한 광 하나는 가지고 있어야 큰 손실을 면하듯, 살면서 비장의 무기 하나쯤은 가지고 있어야 한다.

**다섯째, 피박**

아무짝에도 쓸데없는 피도 모자라면 큰 코 다치듯, 세상의 모든 것은 나름대로 용도가 있으니 하찮고 사소한 것이라도 소홀히 여기지 말아야 한다.

**여섯째, 독박**

욕심은 무모함을 부르고 무모함은 엄청난 손실을 남긴다. 용기와 만용, 과감함과 무모함을 구분할 수 있어야 한다.

**일곱째, 쇼당**

고스톱의 진수인 '쇼당'은 현명한 판단력이 중요함을 잘 보여준다. 인생에서 양자택일의 기로에 섰을 때 되새겨볼 만하다.

**여덟째, 고(Go)**

배짱과 도전이 따는 돈을 키운다. 인생에서도 끊임없는 도전 정신을 기르고 두둑한 배짱을 키울 일이다.

**아홉째, 스톱(Stop)**

'고' 할 때와 '스톱' 할 때를 아는 자가 판돈을 차지하듯, 인생에서도 날카로운 분석력과 냉철한 판단력으로 전진할 때와 웅크릴 때를 알아야 한다.

**열째, 나가리**

공들여 쌓은 점수를 단박에 무효화하는 나가리를 통해 인생의 허무함과 노장사상의 요체인 '무위자연'을 단번에 이해할 수 있다. 삶에 집착하지 말고 초탈하는 큰마음을 키울지어다.

고스톱 문외한인 나는 감히 이 글에 '일타쌍피' 조항도 꼭 들어갔으면 좋겠다는 생각을 해본다. '패 한 장으로 피 두 장을 한꺼번에 거머쥐듯, 한 가지 노력으로 여러 효과를 거둘 길을 모색하라'는 것이다. 다시 말해 언제나 생산성을 높일 효율적 방안을 모색해야 한다. 일할 때 조금만 더 고민하면 '일타쌍피' 효과를 거둘 수 있는 경우가 의외로 수두룩하기 때문이다.

2009년 초 '송파나눔발전소'가 출범했다. 현재 송파구는 환경관련 NGO인 '에너지나눔과평화'와 공동으로 전남 고흥에 200킬로와트급 태양광 발전소를 운영한다. 이 발전소는 태양을 이용한 친환경 발전으로서, 30년간 이산화탄소를 4,452톤이나 줄이는 효과를 낸다. 농구장 4,452개 크기에 어린 소나무 160만 그루를 심은 것과 맞먹는 효과다.

여기서 끝이 아니다. 이 발전소에서 생산된 전기의 판매수익금 중 절반은 나눔발전소를 추가로 짓는 데 투자하고, 나머지는 송파구 내 저소득층과 제3세계 빈곤국가에 대한 에너지 지원금으로 전달된다. 우리나라가 절대 빈곤을 면했다고는 하지만, 송파구만 해도 돈이 없어 등을 못 켜고 가스가 끊겨 라면 하나 제대로 끓여 먹을 수 없는 어려운 가정이 생각보다 많다. 하지만 이제 태양광 발전으로 15년간

6,000가구에 난방비와 가스요금으로 6억 원을 지원할 수 있다.

이렇듯 송파나눔발전소는 탄소배출량을 줄이고 어려운 이웃도 도움으로써 환경 보전과 복지라는 두 마리 토끼를 잡을 수 있었다. 이 프로젝트는 언론과 환경 관련 단체의 많은 관심을 받았을 뿐 아니라, 지방 정부가 태양광 발전소를 운영하는 것은 유례가 없는 일이어서 2009년 5월 서울에서 열린 세계도시 기후정상회의 부대행사로 개최된 서울기후변화박람회에서 모범 사례로 소개되었다.

2008년 시작된 '현수막 장바구니'도 소소하지만 반짝이는 아이디어가 돋보인 '일타쌍피' 사례다. 거리 여기저기 울긋불긋 내걸린 현수막은 흔히 도시 미관을 해치는 '무법자'로 불린다. 특히 구청에서는 불법 현수막을 거둬들이는 일이 큰 고역이다. 송파구 전역에서 수거되는 현수막은 평일 평균 30~50개, 주말에는 80~100개가 넘으며, 이를 쓰레기봉투에 넣어 버리는 비용만도 연간 100여 만 원에 이른다.

하지만 한 담당자가 이 현수막을 다른 용도로 활용하자는 아이디어를 내놓았다. 면 재질의 현수막을 장바구니로 재활용하자는 것이다. 아이디어는 당장 실행되었다. 여성 장애인 고용사업장에서 현수막으로 장바구니를 만들면, 이를 송파구주부환경협의회가 재활용 물건을 판매하는 재활용 플라자에서 1회용 비닐봉투 대신 사용한다. 이 장바구니는 쌀이나 콩 등을 넣어 보관하는 곡물 주머니로도 인기 만점이다.

현수막 재활용 아이디어는 이후 앞치마로, 자매결연 농가에 제공하는 보온덮개 등으로 확대되었다. 환경오염도 줄이고 폐기비용도 아끼며, 더불어 장애인 근로자들의 부수입을 올려주는 효과까지 있었다.

이렇듯 일타쌍피의 미학을 구현하려면 심리학에서 말하는 '기능적 고착(Functional Fixedness)'을 벗어나는 것이 무엇보다 중요할 것 같다. 기능적 고착이란 어떤 사물을 볼 때 가장 많이 쓰이는 용도로만 해당 사물을 지각하는 현상이다. 이 심리적 장벽 때문에 문제를 해결할 때 새로운 관점을 떠올리지 못한다는 것이다.

이에 대해서는 '촛불 상자 문제(Candle Box Problem, 칼 던커, 1945년)'라는, 오래된 심리학 연구를 예로 들 수 있다. 이 실험에서 실험 진행자는 학생들에게 압정이 담긴 상자와 성냥과 초를 나눠준 후, 초를 문에 눈높이로 붙여보라고 한다. 그러면 학생들 대부분은 먼저 압정으로 초를 문에 붙이려 든다. 하지만 초는 붙지 않는다. 그 다음에는 초를 녹여서 문에 붙이려고 시도한다. 그래도 초는 붙지 않는다. 해결책은 압정으로 상자를 문에 붙인 다음, 상자를 받침 삼아 초를 올려놓는 것이다. 상자를 압정 담는 용도로만 생각하면 이 답을 찾을 수 없다.

흥미로운 사실은 압정을 상자 밖으로 꺼내놓았을 때 해결책을 찾아낸 학생 수가 더 많았다는 점이다. 상자에 물건이 담겨 있을 때는 용기로서의 용도가 강조되어 문제 해결이 더 어려운 것이다. 이 실험이 주는 교훈은 고정관념에서 벗어나 사물을 전혀 다른 용도로 바라볼 수 있을 때 문제를 해결하는 창의적 발상이 나온다는 것이다. 일상과 업무에서, 상자 밖으로 압정을 꺼내고 바라보는 훈련이 필요하다.

다음에 친구들과 여행을 가면 이번에는 제대로 고스톱 판에 끼어야겠다. 일타쌍피해서 피박을 씌운 다음 쓰리고를 부르고 스톱하면, 한 5,000원은 따려나?

# 관심을 끌려면
# 먼저 관심을 가져라

성공적인 마케팅의 비결은 직접 가게 안으로 들어가
고객의 이야기에 귀를 기울이는 것이다.
샘 월튼

외손녀의 백일 무렵이었다. 오랜만에 집에 온 딸은 친구에게 백일
선물로 '아기체육관'을 받았다며 연신 싱글거렸다. 아기체육관은
"아기 키우는 집이라면 없는 집이 없는 국민장난감"이라는 게 딸의
설명이었다. 목도 못 가누는 아기가 무슨 체육을 한다는 것일까 싶
어 봤더니, 장난감은 건반 몇 개가 달린 피아노처럼 생긴 물건이었
다. '체육관'이라는 이름과는 전혀 딴판인 데다 좀 조악해 보여서
"이게 무슨 체육관이냐"고 품평을 시작하려는데, 손녀딸을 그 아래

눕혔더니 아기가 까르르 웃으며 바둥바둥 운동하는 것이 아닌가. 자세히 보니 누운 아기의 정면에는 얼굴이 비치도록 거울 비슷한 것이 있고, 건반 아래에는 해님과 달님 장난감이 달려 있는데 이것을 건드리면 불빛이 반짝거리며 노래가 나왔다. 어른의 눈으로는 찾을 수 없는 재밋거리가 가득했던 것이다. 아기 눈높이에 딱 맞춘 완구회사의 솜씨에 내심 감탄하며 상표를 보니 피셔프라이스(Fisher-Price)라는 브랜드였다.

그로부터 얼마 후 신문에서 피셔프라이스라는 이름을 다시 보았다. 외신 기사의 제목은 '세계적 완구회사인 피셔프라이스의 호주 지사가 다섯 살짜리 여자아이를 중역으로 채용했다' 는 것이었다. 기사에는 "소비자가 무슨 생각을 하는지 알고자 한 진지한 시도이며, 아이들이 이용하는 장난감을 어린이 눈높이에서 직접 디자인하기 위한 것"이라는 회사 관계자의 말이 인용되어 있었다.

순간 나도 모르게 무릎을 탁 하고 쳤다. 전 세계 아기들의 마음을 사로잡은 공전의 히트 장난감 뒤에는 고객의 마음을 읽으려는 회사의 치열한 노력이 있었던 것이다. 동시에 나는 등을 한 대 철썩 얻어맞은 것 같았다. 평소 정책 소비자인 주민 중심 행정을 펼친다고 자부했지만 정작 소비자의 마음을 읽기 위한 노력은 충분치 못했다는 생각이 들어서다.

피셔프라이스의 어린이 임원 발탁 기사는 '눈높이' 의 자세를 점검하게 해준, 신선한 충격인 동시에 '프로슈머 마케팅' 에 눈을 뜨는 계기가 되었다. 기업이 제품을 개발할 때 소비자가 참여하도록 하는 프로슈머 마케팅으로 고객 만족을 높이듯, 정책을 만들 때도 주민의 아이디어를 적극 수용하고 취향을 충분히 살릴 때 만족도를 훨씬 높일 수 있겠다는 각성이었다. 그 후로 정책 소비자, 즉 주민들의 생각을 보다 다양하게 들을 방법을 찾기 시작했다.

2007년 '송파구 여성들의 실태와 욕구 조사'를 실시한 것도 이런 배경에서였다. 지자체가 정책 세부 대상의 욕구를 조사하기는 처음이었다. 그동안 정책 우선순위에서 소외되었던 여성들은 일상에서 느끼는 불편함에서 경제활동에 대한 열망에 이르기까지 다양한 바람을 쏟아냈다.

이 조사 결과를 토대로 추진한 프로젝트가 바로 '여성이 행복한 도시'다. 아파트 단지마다 공공 어린이집을 세우고 경력이 단절된 중년 여성들의 취업을 돕는 대책을 비롯하여, 하이힐 굽이 끼지 않도록 틈새를 좁힌 보도블록, 여성 화장실 핸드백 걸이대, 구청 청사 지하 1층의 여성 전용 공간, 맞벌이 부부 자녀를 위한 방학 중 도시락 배달 등 크고 작은 생활공감형 정책이 이 조사에서 나왔다.

효과는 바로 가시화되었다. 구청 홈페이지에는 여성들의 환호뿐 아니라 더 많은 아이디어가 이어졌다. 이 사업은 서울시 정책에 반영되어 '서울시 여행(女幸) 프로젝트'의 밑거름이 되었고, 지금은 전국에서 시행되고 있다.

이 아기체육관이 남겨준 교훈은 송파구 어린이전용도서관을 만들 때도 큰 도움이 되었다. 2009년 4월 말 잠실에 오픈한 '송파 어린이 도서관'은 기획 단계부터 디자인 전문가는 물론 유치원 교사와 학부모의 의견을 반영했을 뿐 아니라 무엇보다 이용 대상 연령의 어린이들에게 두루 '자문'을 구했다. 마감재는 모두 친환경 자재를 사용하고 문마다 손 끼임 방지 장치를 달았다. 바닥에 턱을 없애 아이들이 걸려 넘어지지 않도록 했고, 전 층은 온돌바닥으로 만들어 겨울에도 아이들이 뒹굴며 책을 읽을 수 있도록 했다. 세면기와 변기는 아이들의 키 높이에 맞춰 낮게 설치했다. 그 결과 마룻바닥부터 변기까지 모든 인테리어와 부대시설이 소비자인 어린이의 눈높이에 꼭 맞는 근사한 도서관이 탄생했다.

이곳은 디자인 전문가와 이용자들로부터 '어린이 인테리어의 결정판'이라는 평가를 받으며 송파는 물론 주변 지역 꼬마들로부터 폭발적인 인기를 얻었다. 인터넷에는 도서관이자 놀이터요, 아기와 엄마의 근사한 나들이 공간이라는 입소문도 뜨거웠다. 역시 '눈높이'의 힘이었다.

그런데 '고객'에게 다가서려고 노력할수록 깨닫는 것이 있다. 고객의 눈높이는 하루가 다르게 오르고 입맛은 갈수록 까다로워진다는 점이다. 눈높이를 맞추려 5센티미터 굽 구두를 찾아 신으면 고객은 어느새 10센티미터 하이힐로 갈아 신고 나타난다. 고객의 속을 헤아리면 헤아릴수록 기준치는 높아지고 할 일도 늘어나니, 정말이지 고객 만족의 고지는 멀고도 끝이 없다.

남들도 어렵기는 마찬가지인 모양이다. 한국표준협회가 최근 발표한 '2009년 한국사용품질지수조사' 결과에 따르면, 동일한 제품에 대한 평가에서 전문가들이 매긴 점수보다 소비자가 매긴 점수가 훨씬 낮았다고 한다. 전문가나 생산자가 만족할 만한 수준의 제품이라도 고객의 기대 수준에는 미치지 못할 수 있다는 것이다. "서비스에 '베스트(best)'는 없으며 오로지 '베터(better)'만 있다"는 말도 아마 그래서 나온 것 같다.

그러면 어떻게 해야 좋을까? 내가 터득한 비법은 가장 높은 기대치를 목표로 삼는 것이다. 가장 어려운 어른, 가장 깐깐한 상사, 가장 까다로운 고객의 속을 헤아려보라. 그리고 그들을 감동시키면 나머지 사람들의 마음은 거의 따놓은 당상이나 다름없다. 시어머니가 감동하면 나머지 시집 식구들의 지지가 저절로 따라오는 것처럼 말이다.

# 모든 위대한 일이
# 처음에는 시시한 일이었다

거리의 청소부가 운명이라면 미켈란젤로가 그림을 그리듯,
베토벤이 음악을 연주하듯, 셰익스피어가 시를 쓰듯 거리를 청소해야 한다.
그 솜씨가 너무 탁월해 모두가 '여기, 맡은 일을 훌륭히 해낸 위대한
청소부가 살았노라' 라고 말할 수 있을 정도여야 한다.
마틴 루터 킹

며칠 전 아끼는 후배 K가 밥을 사달라며 찾아왔다. 직장에서 부서를 옮겼다는 이야기를 들은 이후 처음 만나는 후배였다. 그런데 언제나 씩씩하던 K가 웬일인지 축 처져 있었고 간간이 한숨을 쉬기도 했다. 이유를 물으니 "일을 그만두고 싶다"는 것이었다. K는 지난번 인사 이동에서 남자 동기들에게 밀려 이른바 '한직' 부서로 가게 되었고, '주포' 가 아닌 지원 업무를 맡게 되었다. 그래서 자존심이 상하고 의욕도 사라졌다고 하소연하는 것이었다.

"전 누구보다 일 잘한다고 자신하고요. 누구보다 열심히 했어요. 그런데 이게 무슨 꼴인지 모르겠어요. 이렇게 시시한 일이나 하면서 인생을 낭비하자니 정말 미치겠어요."

나는 일단 "누구에게나 부침이 있고 인생은 새옹지마다"라는 말로 그를 다독여 돌려보냈다.

내 말이 K의 마음에 위로가 되었는지는 모르겠다. 어쩌면 내 말이 제3자의 입장에서 할 수 있는 교과서적인 소리로 들렸을지 모른다. 하지만 나는 정말로 그렇게 믿는다. 인생은 길고 긴 마라톤이며, 오늘 돌멩이처럼 보이는 것을 갈고닦으면 빛나는 보석이 되기도 한다고 말이다.

2006년 지방선거 때 나는 서울에서 여성구청장 1호를 내겠다는 한나라당의 전략공천으로 송파구청장에 출사표를 던졌고 구청장이 되었다. 하지만 그전에 나는 통일민주당 여성국장을 시작으로 정치에 입문한 후 신한국당 부대변인, 정무2차관, 국무총리실 여성정책 실무위원회 위원장, 한나라당 부대변인, 전문직여성한국연맹 회장, 국회 정치개혁협의회 위원 등을 지내며 중앙무대를 누볐다. 그래서 오히려 구청장에 당선되었을 때 '변방'으로 내려가는 일종의 '강등'이라 여겨 위로 어린 말을 보내는 이도 있었다.

솔직히 나로서도 구청장에 출마하라는 권유에 선뜻 응할 수만은 없었다. 정치든 행정이든 중앙무대 한복판에서 일했으며 여성부 전신인 정무2장관실의 역대 최연소 차관으로 임용되었고, 당 여성국장 완장을 차보기도 했다. 또한 국회 정치개혁 방안을 기획하는 브레인으로서 일하기도 했고 2006년 지방선거 때는 서울지역 공천심사위원을 맡아 구청장과 시·구의원 후보들의 점수를 매기기도 했다. 그런데 갑자기 구청장이라니, 망설이지 않을 수 없었다.

하지만 마음을 달리 먹기로 했다. 송파구의 구청장이 되어 새로운 역사를 써보자고 마음먹었다. 주어진 일이 지금까지와는 다르고 기대에 미치지 못하더라도, 오히려 이 일을 할 수 있음에 감사하면서 누구도 할 수 없었던 성과를 내기 위해 힘쓰겠다고 각오했다.

실제로 구청장의 일은 밖에서 생각했던 것보다 훨씬 귀하고 보람된 자리였다. 1,500명에 이르는 조직을 관리하고, 68만 거대 인구의 다양한 이해가 얽힌 현안을 조율해야 하는 행정 경험은 다시 만날 수 없는 값진 기회였다. 게다가 모두가 합심하여 내놓은 아이디어가 내가 사는 도시를 변화시키고 주민들의 삶의 질을 높이며, 우수한 아이디어와 정책으로 인정받아 전국으로 퍼져나갈 때의 짜릿함은 이루 말할 수 없을 정도였다. 또 그리기 위해서는 많은 능력과 경험이 필요한 자리였다. 여기에 그동안 일하면서 쌓아온 정치력, 협상력, 인적 네트워크, 중앙정부의 행정 경험, NGO 경력은 너무나 큰 도움이 되었다. 지금은 이곳에서의 일을 통해 '중앙정치와 실무행정 경험을 두루 갖춘 여성 재원'으로 한 단계 올라서는 보너스까지 얻었다.

얼마 전 신문에서 국내 최고령 비서이자 명품 비서로 이름난 전성희 대성그룹 이사의 이야기를 읽었다. 명문 약대를 졸업한 그녀는 우여곡절 끝에 당시 '커피 심부름'이나 하는 것으로 여겨졌던 비서가 되었다. 하지만 전성희 이사는 남다른 열정과 실력으로 비서 업무의 반경을 넓히고, 국내 최고령 비서이자 최고의 비서가 되었다. 그녀는 자신의 성공 비결을 이렇게 이야기했다.

"다른 사람과 차별되는 꾸준한 노력이 중요합니다. 나만이 잘해낼 수 있다는 자신감도 필요합니다. 커피 한 잔을 타더라도 자신만의 방식을 개발하면 더욱 프로페셔널한 모습을 보여줄 수 있습니다."

사실 역사 속 수많은 위인이나 현재 화려한 스포트라이트를 받는 명사 중에서도 그 출발은 보잘것없었던 경우가 수두룩하다. 한 예로, 강철왕 카네기는 방직공장에서 실을 감는 공장 직원이었다. 그랬기 때문에 "어떤 직업일지라도 그 분야에서 일인자가 되는 것이 성공의 비결이다"라는 그의 조언이 한층 진실하게 들리는지 모른다. 마이크로소프트라는 세계 최고의 기업을 일으킨 빌 게이츠도 허름한 창고에서 회사 문을 열었다. 오늘날 세계적 기업으로 우뚝 선 삼성과 현대 역시 그 시작이 미미했던 것은 마찬가지다.

생각해보면 세상에는 시시한 일이 없다. 남들의 이목이나 세간의 성공 기준과 관계없이 자기 일에 최선을 다하고, 나아가 스스로 도달할 수 있는 최고 수준이 되면 그것이 곧 위대한 인생이다. 그리고 성공의 기회는 그에 따른 보너스다.

동서고금의 격언에서도 '사소한 일은 없다'는 진리를 다양하게 이

야기한다. 셰익스피어는 《줄리어스 시저》에서 "급하게 큰불을 일으
키려는 사람도 그 시작은 지푸라기 모닥불에서 시작한다"고 말했다.
"천 리 길도 한 걸음부터"라는 우리 속담이나, "태산을 옮길 때도 돌
하나부터"라는 중국 속담도 마찬가지다.

개구리에게는 올챙이 시절이 있었고 제아무리 우람한 떡갈나무에
게도 한때 땅위에 뒹구는 도토리 시절이 있었듯이, 인생이라는 정원
에 자라는 크고 탐스러운 나무도 그 출발은 작은 씨앗이었다는 사실
을 잊지 않았으면 한다. 빠짐없이 물을 주고, 벌레를 잡고 영양주사
도 놓아가며 공을 들이다 보면 어느덧 아름다운 열매가 달린 나무로
우뚝 성장할 것이다. 세상에 시시한 일은 없다. 그저 시시한 사람이
있을 뿐.

# 협심의 지렛대를 이용하라

내 성공 비결은 단지 사람들이 원하는 것을 준 것뿐이다.
앤디 워홀

앞서 이야기했던 성내천 부활기는 전 세계적 고민인 '지속 가능한 도시 개발'에 대한 해법의 일단을 보여주었다. 그리고 대도시에서도 지역공동체가 얼마든지 기능할 수 있음을 입증해준 귀한 사례이기도 하다. 2007년 4월, 성내천 복원사업이 마무리될 즈음 각고의 노력 끝에 아름다운 자연형 하천이 모습을 드러냈다. 그런데 원래의 목표였던 '생활 하천'으로의 변신을 가로막는 의외의 복병이 등장했다. 바로 땡볕이었다. 하천 주변에 나무가 없다 보니 그늘 한 점 찾을 수가 없어 산책하는 사람들이 내내 쨍한 태양이 정수리로 내리꽂는 불편함을 겪는 것이었다. 향기 없는 모란꽃에 나비가 날아들지 않는 것처럼, 보기엔 아름다우나 사람들과 동떨어진 반쪽짜리 생활 하천으로 전락할 상황이었다. 어떻게 하면 이 아름다운 물가에 더 많은 사람이 찾아오게 만들고, 이를 효과적으로 유지할 수 있을까?

궁리 끝에 성내천을 주민이 주인인 하천으로 만들면 어떨까 하는 생각이 들었다. 주민이 직접 나무를 사서 심고, 이건 'ㅇㅇㅇ 나무' 등으로 이름표를 달아준 다음 나무와 하천을 스스로 가꾸게끔 하자는 아이디어였다. 하지만 담당 부서에 이야기했더니 반응이 영 떨떠름했다. 일단 규정상 물의 흐름에 방해될 수 있다는 이유로 하천 주변에 나무를 심을 수 없다는 것이었다. 오랜 고민 끝에 해법이 나왔다. 하천 경사면에 나무를 심을 수 있게 하자는 것이다. 하지만 이번에는 주민이 헌수하는 것에 대해 모두 난색을 표했다.

"그런 건 해본 적이 없어서…."

"자기 돈 내고 나무 심을 사람이 있을까요?"

"신청이 안 들어오면 어쩌죠."

(세상의 직원들이여. 안 된다고만 생각하면 아무것도 안 되는 법이다. 안 된다는 결론은 언제나 누구라도 내릴 수 있다. 부디 바라건대 안 된다며 고개를 흔들기 전에 방법부터 찾아보라.) 나는 헌수 안을 밀어붙였다.

"우리가 나무 심을 돈이 없습니까? 그보다 주민들의 참여를 끌어내자는 것이 이 안의 취지입니다. 정 신청이 들어오지 않으면 그때

예산을 쓰고 일단은 헌수를 받아봅시다.”

그런데 막상 ‘왕벚꽃나무 260그루의 주인을 찾는다’는 공고를 내고 접수를 시작하자마자 신청이 쇄도했다. 신청 건수는 예상을 훨씬 뛰어넘었고 결국 기한보다 일찍 접수를 마감했다.

그뿐만이 아니었다. 나무를 심고 예쁘게 이름표를 단 후 나무마다 밑둥 주변에 꽃밭이 하나 둘 등장했다. 헌수한 주민들이 자기 나무를 정성껏 돌보면서 그 아래 꽃밭을 만들어 가꾸기 시작했던 것이다. 한 사람, 한 가족이 예쁜 꽃밭을 만들어놓으면, 다음 날 이웃한 나무 아래에도 근사한 꽃밭이 생겼다. 성내천 주변은 하루가 다르게 나무와 꽃이 어우러진, ‘쉴 만한 물가’로 거듭났다.

어느덧 겨울이 되어 12월 중순 즈음에는 주민들의 나무가 하나 둘씩 크리스마스트리로 변신했다.

‘내년에도 우리 가족이 건강하도록 해주세요.’

‘내년에는 학교에서 100점 맞고 싶어요.’

어른에서 아이까지 소박하고 예쁜 소원들이 색색이 달린 이 ‘희망나무’들은, 그 어느 곳의 크리스마스트리보다 멋지고 아름다웠다. 지역공동체 구성원 모두가 일궈낸, 아름다운 풍경이었다.

성내천의 성공을 발판으로 삼아 이 식수 사업을 ‘그린 오너(Green Owner)’라는 이름으로 아예 제도화했다. 그해 하반기 석촌호수에서도 그린 오너를 모집했고 역시 성공리에 식수를 마쳤다. 2008년에는 성내천 상류에 있는 마천동 주민들이 “올해 우리 동네 하천가에 나무를 심고 싶다"고 요청했다. 2009년 초에는 자연하천으로 복원한 장지천에서도 그린 오너를 모집했다. 이때를 기준으로 모두 1,100명이 나무를 심고 가꾸는 그린 오너 명함을 갖게 되었다.

그린 오너 제도의 성공은 참여의 계기, 즉 판을 벌이는 것의 중요성을 다시 한 번 일깨운 사례가 되었다. 보통 '대도시' 하면 익명성과 개인주의를 떠올리지만, 그만큼 공동체에 대한 향수와 인간적인 것에 대한 갈망이 강한 곳이기도 하다. 기회가 없어서 그렇지 멍석만 제대로 깔면 얼마든지 신명나게 놀 수 있는 사람들이 생각 외로 많은 것이다.

조직 관리에서도 적절히 판을 벌이는, 즉 동기를 부여하는 지혜가 필요하다. 중간관리자 정도가 되면 회사 생활에서 일 처리 외에도 사람 관리가 중요한 비중을 차지하기 때문이다. '내 일'을 똑 부러지게 해내는 것은 기본이다. 여기에 더해 팀원들을 관리하고 북돋으며 성과를 내도록 유도하는 기술이 중간관리자의 핵심 역량으로 여겨진다.

의외로 여성 후배들 중에서도 이 '사람 관리'에 어려움을 토로하는 경우를 종종 보곤 한다. 조직 관리가 매우 중요한 공무원 사회의 리더로서 내가 겪었던 경험을 바탕으로 조언하자면, 우선 팀원들을 한 명 한 명 잘 분석해보라고 말해주고 싶다.

조직에서 리더가 적극적으로 동기를 부여해야 하는 부류는 조금 소극적이지만 성실한 보통 사람들이다. 튀는 것을 꺼리고, 나서기를 좋아하지 않지만 주어진 일을 묵묵하고 성실하게 해내는 평범한 이들을 나는 '휴화산형 직원'이라 부른다. 이들은 가만히 놓아둬도 스스로 동기를 부여하며 앞으로 나아가는 '활화산형'과 달리, 외적 동기부여가 이루어질 때 잠재되어 있던 힘이 폭발한다.

한 조직에서 상위 1퍼센트가 획기적인 아이디어를 내면, 전체의 70퍼센트 이상을 차지하는 휴화산형 일꾼들이 그 아이디어를 제대로 받쳐줄 때 아이디어가 현실로 구체화되고 성공할 수 있다. 따라서 조직의 생산성을 높이기 위해서는 이들을 잘 살피고, 깊숙이 숨어 있는 열정을 끄집어낼 수 있는 '판'을 어떻게 벌일지 연구해야 한다.

지금 자기 주변을 둘러보라. 어서 판이 벌어지기만 기다리고 있는 일과 사람들이 생각 외로 많이 보일 것이다. 그들을 위해 일단, 판을 벌여라!

# 강점과 장점에 집중하라

자신을 어떻게 생각하느냐가 운명을 결정짓는다.
헨리 데이비드 소로

'내 속엔 내가 너무도 많아 당신의 쉴 곳 없네…'

내 몇 안 되는 노래방 레퍼토리 중 하나가 시인과 촌장의 '가시나무' 다. 우선 쉽고 아름다운 멜로디로 청중에게 고루 어필할 수 있다는 장점이 있다. 여기에 조성모 등 신세대 가수들이 리메이크를 한 덕에 비교적 최신곡을 부르는 듯한 착각을 유발함으로써 속칭 '노래방 쉰세대' 를 면하는 효과도 있다.

이 '가시나무' 를 18번 목록에 올린 것은 어느 날 라디오에서 흘러

나오던 이 노래의 첫머리가 마음에 쏙 와 닿았기 때문이다. 내 속에 내가 너무도 많다니, 이것이야말로 인간 내면을 예리하게 꿰뚫는 철학적 통찰이 아닌가?

어떤 사람이 의외의 행동을 하는 경우 흔히 "그 사람이 그럴 줄 몰랐어"라고 말한다. 그런데 내가 겪어본 바로는 '그 사람'은 사실 얼마든지 '그럴 수' 있었던 사람일 가능성이 높다. 왜냐하면 '가시나무' 가사에서도 나오듯, 누구나 그 속에는 조금씩 다른 자신이 여럿 있기 때문이다.

남들 또는 자신이 아는 대표적인 '나' 외에도 전혀 다른 얼굴과 성격, 인성을 가진 자신이 무수히 존재한다. 인형 속에 끝없이 인형이 들어 있는 러시아 전통 인형 마트료시카처럼, 줄줄이 대기해 있는 또 다른 자신이 상황에 따라 불쑥 튀어나오곤 한다.

지킬과 하이드처럼 선과 악, 천사와 악마라는 극단을 오가지는 않는다 해도 누구나 어느 정도는 이질적인 성격과 성품, 능력이 혼합된 복합체다. 당장 내 안에도 '온화한 나'에서 '표독한 나'를 넘나드는 각양각색의 내가 티격태격하며 살아가는 것을 봐도 그렇다.

그런데 이런 '내 안의 나'를 잘 활용하면 자기를 업그레이드하고 나아가 인생을 성공적으로 만들어나가는 데 상당한 도움이 된다. 자기 안에 있는 여러 모습 가운데 가장 강한 나, 가장 바람직한 나, 가장 멋진 나를 찾아내 이를 추구한다면 그것이 곧 잠재력 극대화로 이어지기 때문이다.

나는 중학생 때까지 시골에서 자랐다. '아이들은 많이 자야 키가 큰다' 는 신조를 가진 어머니는 매일 밤 9시면 집안 전등을 모두 꺼 버리셨다. 텔레비전은 아예 없던 시절이었고, 시골 동네라 가로등도 드물어 불을 끄고 나면 그야말로 암흑 속의 적막강산이었다. 유난히 잠이 없던 나는 어쩔 수 없이 잠자리에 들긴 했지만, 눈을 부릅뜨고 버팀으로써 어머니의 '신장 증진 정책' 에 소심하게 반항하곤 했다. 이때 '내 안의 나' 는 밀려오는 잠을 물리쳐주는 훌륭한 친구가 되어 주었다(그때의 반항 탓에 키가 요만큼만 컸는지도 모르겠다).

이 취미는 서울에 있는 고등학교로 진학한 이후에도 이어졌다. 고 등학교 시절 나는 시골에서 갓 상경한 아이답게 말수가 적었고 조금 쭈뼛거리는 편이었는데, 잠들기 전 혼자 몰래 불러내보는 '나' 는 조 금 달랐다. 깔끔한 외모에 말도 똑똑하게 잘하는 같은 반 주옥이보 다, 전교 1등을 놓치지 않으면서도 문학적 감수성까지 뛰어나 반 친 구들의 사랑을 독차지하는 혜경이보다 훨씬 지적이고 품위 있고 따 뜻한, 그래서 무척이나 멋진 나였다.

이제 고등학교 동창회에 가면 친구들은 "영순이가 험하고 험하다 는 정치판에서 일할 줄은 아무도 몰랐다"고 놀라워한다. 어린 시절 몰래 혼자서 불러내곤 했던, 누구보다 멋진 '나' 의 모습을 제법 따라 잡은 것이 아닌가 싶다.

자기 안의 괜찮은 '나' 가 눈에 띄지 않을 때는 남들이 보는 나를 모델로 삼는 것도 한 방법이다. 남의 시선을 지나치게 의식하는 것도 병이지만, 가끔은 자신도 모르는 객관적인 장점을 찾아내는 데 도움이 되기 때문이다.

주변을 둘러보면 많은 여성이 필요 이상으로 자신의 능력을 과소평가하는 경향이 있다. 이는 좋게 보면 겸양이지만 대부분 자신감이 결여되었기 때문이다. 자기 안의 '거인'을 깨우려면 이 역시 넘어야 할 산이다. 내가 잘 아는 한 후배도 이런 부류다. 이른바 '잘나가는 여자'인 이 후배의 고민은 "남들이 아는 나는 진짜 내가 아니다"라는 것이다.

"다들 제가 똑 부러진다고 하지만 사실은 무르고요, 할 말 다 하고 사는 줄 알지만 사실은 정말 해야 할 말도 못하고 살아요. 사람들은 제가 화통하고 대범한 줄 알지만 사실은 동서남북 꽉꽉 막힌 데다 소심하기 짝이 없죠. 또 인간관계가 두루 원만하다고 하는데, 사실은 사람 만나는 게 정말 무서워요."

그 후배는 남들이 보는 자신과 스스로 아는 자신 사이에 태평양만큼이나 넓은 격차가 있다고 했다. 이 때문에 항상 부담스럽고, 남들이 아는 자기가 '가짜'라는 것이 들통 날까 두려워 언제나 마음을 졸이며 산다는 것이었다. 그렇다면 남이 보는 그 후배와 후배가 아는 자신 중 과연 어느 쪽이 진짜일까?

나는 양쪽 모두가 진짜 자기 모습이며, 가짜인 것은 없다고 생각한다. 모두 그 후배 안에 존재하는 성품일진대 다만 안팎으로 발현되는 정도가 다를 뿐이다. 솔직히 고백하자면 나 역시 마찬가지다.

개인적으로 나는 낯을 많이 가리고 활달한 편이 아니지만, 일을 할 때는 전혀 다른 모습으로 변한다.

이 후배 말고도 꽤 많은 사람이 자신의 '표리부동' 함을 고민하는 것을 보았다. 이들에게 해주고 싶은 말은 그중에서 바람직한 쪽을 따라잡으라는 것이다. 긍정심리학의 창시자인 마틴 셀리그만 박사는 이렇게 말했다. "노력해도 소용없다고 하지 말고, 노력하면 바뀔 수 있다는 관점에서 세상을 해석하라."

물론 노력해도 소용없는 것들이 있다. 타고난 음치, 박치가 제아무리 노력한다고 해도 루치아노 파바로티가 될 수는 없다. 또 약점을 강점으로 변화시키는 것은 쉬운 일이 아니다. 하지만 약간 모자란 강점이라면 이야기가 다르다. 타고난 음치가 죽어라 연습하면 노래방 간판이 두려운 수준에서 탈출할 수는 있겠지만, 그보다는 남들이 노래할 때 조용히 흔들었던 탬버린을 집중 연마하는 것이 현명한 선택일 수 있다. 독보적인 탬버린 기술로 좌중을 압도해 노래방의 다크호스로 떠오르는 것이다!

크든 작든 자신의 강점과 재능을 파악하고 강점을 꾸준히 살찌우도록 하자. 그렇게 발견한 강점이 업무 성과로 연결되기까지는 상당한 노력과 시간이 필요하겠지만, 좌고우면(左顧右眄)하지 말고 한 방향으로 전력해서 달릴 일이다. 그러다 보면 어느 순간 열정이 샘솟고, 열정은 반드시 성과로 이어지기 마련이다. 크든 작든 자신의 강점을 키우는 것, 그것이 곧 성공이다.

# 리더는 통통해야 매력 있다

정치에서 어떤 말이 오갔는지 알고 싶다면 남자에게 물어보라.
반면 정치에서 실제로 어떤 일이 일어났는지 알고 싶다면 여자에게 물어보라.
마가렛 대처

'여성구청장 1호'라는 타이틀 때문에 여대생을 상대로 경력 관리나 리더십 강의를 할 기회가 자주 생긴다. 그런데 그런 자리에 가면 꼭 받는 질문이 있다.

"여성 리더의 경쟁력은 무엇인가요?"

"어떻게 하면 리더가 될 수 있나요?"

나는 그럴 때마다 각각 '통통배'와 '먼저 통통한 여자가 되라'고 이야기한다. 그러면 여학생들은 눈을 크게 뜨며 놀라워하는 표정을 짓는다. 마치 S라인, V라인 등 날씬한 몸매가 대세인 시대에 통통한 여자가 웬 말이며, 뜬금없이 통통배는 웬 말인가 하는 표정이다.

나는 깡마른 것보다는 오동통한 편이 예쁘다고 생각하지만, 그렇다고 트렌드에 역행하는 몸매를 반드시 만들어야 한다고 주장하는 것은 아니다. 여기서 통통한 여자가 되라는 것은 여성의 강점인 통합과 소통의 DNA를 십분 활용하라는 뜻이고, 통통배는 타인의 마음을 살피는 배려가 여성 리더의 차별적 경쟁력이 된다는 의미다. 통통배는 신체 일부를 가리키기도 하지만, 가까운 섬 사이, 섬과 육지 사이를 오고가는 작은 배를 뜻하기도 한다. 따라서 통통배가 경쟁력이라는 것은 마치 육지와 섬마을 사이에 물길을 여는 통통배처럼, 통합과 소통과 배려로 구성원들의 에너지를 최대로 끌어내는 여성 리더가 되라는 이야기다.

21세기 대한민국의 화두는 단연 소통과 통합이다. 대통령, 국무총리, 정치인, 장관, 기업인 할 것 없이 이 소통과 통합을 시대적 과제로 꼽는다. 오늘날에는 국가적 또는 사회적으로, 심지어 개인 사이에서도 지역과 이념, 계층, 성, 세대 간 갈등이 폭발적으로 분출되기 때문이다. 이것이 오늘날 통합과 화합, 소통과 섬김 리더십이 전방위로 요구되는 이유다.

이와 같은 시대 변화는 여성들에게 복음이 아닐 수 없다. 부드러운 커뮤니케이션에 능하고, 타인과의 관계를 중시하는 여성적 특성이 이런 시대적 요구와 잘 맞아떨어지기 때문이다. 특히 여성의 강점인 소통과 통합, 배려 능력은 복잡한 갈등의 실타래를 푸는 데 진가를 발휘한다.

2009년 7월 말 잠실 새마을시장길 불법노점 정비는 이런 통통배 마인드가 빛을 발한 사례였다. 1970년대 중반부터 하나 둘 생겨난 새마을시장길 노점상은 2000년대 들어 70여 개로 늘어났다. 보도 5미터 중 절반 이상을 노점이 차지하고 있다 보니 행인들은 오갈 때마다 불편을 겪어야 했다. 안전도 큰 문제였다. 좁은 골목에 90여 개의 점포가 밀집해 있는 시장에서 화재라도 나면 손 쓸 도리가 없었다. 그래서 인근 아파트와 시장 주변 주민들이 노점 철거를 요구하는 민원이 끊이지 않았다.

이에 노점상을 정비한다는 방침을 정하긴 했지만 무척 고민이 되었다. 일선 행정에서 가장 괴로운 업무가 노점 철거다. 지시하는 사람도, 현장에서 철거를 담당하는 사람도 가슴이 아프다. 강제 철거가 남기는 상처가 너무도 크기 때문이다.

보통 노점 철거는 군사작전을 방불케 한다. 충돌을 최소화하기 위해 보안을 철저히 유지하고 이른 새벽 대규모 인력을 동원해 작업에 나선다. 하지만 아무리 노력해도 현장은 언제나 극한 대립으로 치닫고 부상자가 발생한다. 후폭풍도 심각해서 철거가 끝난 후에도 노점상인들의 농성과 항의가 빗발쳐 구청에서는 오래도록 큰 소리가 끊이지 않는다. 이런 악순환을 막을 방법은 없는 것인지, 고민에 고민을 거듭해야 했다.

결국 강제 철거보다 다소 시간이 걸리더라도 설득을 통해 노점상을 정비하기로 했다. 상황을 설명하고 최대한 입장을 배려해 길을 찾아보고자 했다. 먼저 담당 부서를 통해 노점상 대표와 대화를 시도했다. 담당 과에서는 모든 노점 상인을 한 사람씩 만나 "업종을 바꾸면 재취업을 위한 직업훈련을 비롯해 모든 지원을 제공하고, 당장 철거가 어려운 곳에는 유예 기간도 주겠다"고 제의했다.

처음 상인들은 대화 자체를 거부했다. 하지만 지성이면 감천이었는지, 30여 차례의 끈질긴 대화 노력에 서서히 변화의 조짐이 보였다. 평생 막무가내로 이루어지는 철거만 보아온 상인들은 구청 직원들의 '삼십고초려(三十顧草廬)'에 하나 둘 자진 정비를 약속했다. 노점은 점차 사라지기 시작했고 결국 단 한 건의 물리적 충돌 없이 자진 정비가 이루어졌다.

그런가 하면 통통배는 21세기형 리더십 모델로 각광 받는 '섬김의 리더십'과도 직결된다. 섬김의 리더십을 논할 때 내가 즐겨 예로 드는 영화가 있다. 한참 전에 개봉했던 우리 영화 〈집으로〉다. 서로 정반대의 지점에 서서, 도저히 마음을 나눌 수 없을 것 같은 사람들이 교감하고 소통하며 화합하는 모습을 통해 단순하지만 강력한 소통의 지혜를 전해준다.

영화는 일곱 살 난 개구쟁이 소년이 '미혼 엄마'의 사정상 충청도 산골에 사는 외할머니에게 덜컥 맡겨지면서 시작된다. 첫 대면부터 갈등이 예고된다. 도시에서 나고 자란 전형적인 서울 아이이자 게임

기를 손에 달고 사는 디지털 손자와, 산골에서 평생을 보냈으며, 말 못하고 듣지 못하고 글도 모르는 아날로그 할머니의 만남이다. 세대와 문화의 차이가 절정에 있는 두 사람 사이에 소통의 여지란 눈곱만큼도 찾아볼 수 없다.

이야기는 주로 일곱 살 아이다운 소년의 행패로 전개된다. 할머니가 손으로 찢어준 김치를 더럽다며 내팽개치고, 할머니의 은비녀를 빼돌려 오락기 배터리를 살 궁리를 하기도 한다. 손짓 발짓으로 '켄터키프라이드치킨(KFC)'을 요구하는 손자에게 할머니는 정성껏 백숙을 만들어주지만, 이 할머니표 KFC는 냅다 소년의 발에 걷어차이고 만다. 하지만 할머니는 이 괘씸하기 짝이 없는 손자를 단 한 번도 나무라지 않는다. 그저 안타까운 손짓으로 미안함을 전할 뿐이다. 그러고는 한없이 너그러운 눈빛으로 손자의 마음을 헤아리고 배려하고 기다린다. 어느덧 소년의 마음은 조금씩 열리기 시작하여, 시골에 온 첫날 할머니에게 "벼엉신"이라 쏘아붙이던 소년은 서울로 가는 날 "아프면 나한테 엽서하라"며 와락 울음을 터뜨린다. 이렇듯 극한의 차이를 뛰어넘어 두 사람이 완벽한 소통을 이룬 비결은 바로 진심과 이해와 포용의 커뮤니케이션이었다.

이 너그러운 꼬부랑 할머니를 통해 일방적인 지시 대신 섬기는 리더십을 배울 수 있다. 그리고 그 뒤에 숨어 있는 통통배의 위력을 이해할 수 있을 것이다.

흔히 여자의 무기는 눈물이라고 말한다. 얼마 전부터는 '미모가 여자의 무기' 라는 노래 가사도 들린다. 하지만 내가 60년간 살아본 바로는 여자의 무기는 눈물도 미모도 아닌 바로 통통배다. 통통배로 승부하는 통통녀, 그들에게 리더의 영광이 있을지어다.

# 지혜로운 사람은
# 일상에서 기적을 본다

인생에는 두 종류가 있다. 기적 같은 것은 없다고 믿는 인생과,
모든 것이 기적이라고 믿는 인생. 내가 생각하는 인생은 후자다.
아인슈타인

당신은 기적을 믿는가?

아인슈타인이 내린 정의에 따르면, 나는 꽤 최근까지도 기적 같은 것은 없다는 편이었다. '기적'이라고 하면 왠지 노력도 하지 않고 대가를 바라는 심보로 여겨졌기 때문이다. 이런 이유로 나는 학창 시절 시험에 아는 문제만 나오길 바라본 적도, 복권 1등에 당첨되는 기적을 꿈꿔본 적도 없다. 아는 문제만 나오기를 바랄 시간에 공부를 더 하고, 안 될 확률이 거의 100퍼센트인 복권에 돈을 낭비하느니

차라리 저금을 하겠다는 생각에서였다. 하지만 2009년 들어서 나는 놀라운 기적을 체험했다.

구청장 후보 시절 송파구 관내를 돌며 유세할 때였다. 세간에서는 송파구를 '강남 3구'라며 이른바 '부자 동네'로 분류한다. 솔직히 나도 그런 줄만 알았다. 그런데 놀라지 않을 수 없었다. 어렵게 사는 이들이 생각 외로 많았기 때문이다. 금빛 찬란한 주상복합 단지 뒤로 수도시설조차 없는 쪽방이 공존하는 곳이 바로 송파구였다. 사정을 들어보니 저소득층 주민 자녀 중에는 학비가 없어 학업을 중단하는 경우도 드물지 않다고 했다. 자못 충격이었다. 학업 중단은 단순히 공부만 그만두는 것이 아니다. 아이의 꿈이 멈추고 가정의 희망이 사라지는 일이다.

저소득층이 많은 동네를 다니면서 나는 이곳 아이들이 돈이 없어서 학교를 중퇴하고, 이 때문에 더 나은 삶을 꿈꿀 기회를 차단당하며, 어른이 되어서도 다시 가난에 시달리는 악순환을 끊을 방법을 찾겠다고 다짐했다. 그러려면 무엇보다 어려운 가정의 청소년들이 학비 걱정 없이 공부에 전념할 수 있도록 지원하는 것이 급선무라는 판단이 섰다.

구청장에 취임하자마자 구체적인 방법을 찾기 시작했다. 하지만 언제나 무슨 일이나 문제는 '돈'이었다. 구청 예산만으로는 도저히 감당할 수 없는 사업이었다. 묘안을 찾아야 했다.

그때 문득 초등학교 시절 같은 반이었던 봉식이가 떠올랐다. 점심

시간이면 가방에서 텅 빈 양은 도시락을 꺼냈던 봉식이. 그때 우리들은 너도나도 한 숟갈씩 밥과 반찬을 봉식이에게 덜어주었다. 빈 도시락은 순식간에 밥과 반찬으로 그득해졌다. 봉식이는 헤벌쭉 웃으며 도시락 뚜껑을 덮고는 이리저리 흔들어 세상에서 제일 맛있는 비빔밥을 만들어냈다.

십시일반(十匙一飯). 어쩌면 봉식이의 도시락이 해법이 될 수 있을 것 같았다. 송파구의 아이들을 송파구 주민들이 돌보도록 하는 것이다. 한 사람이 한 달에 만 원씩, 10명만 모여도 한 아이의 학비가 마련된다. 우선 물밑작업에 들어갔다. 2007년 구청 내에 교육지원과를 새로 만들고 저소득층 자녀 학업을 지원할 제도적 기반을 만든 후 '1인 1만 원 1계좌 갖기' 운동을 기획하기 시작했다.

2008년 말부터는 본격 마케팅에 나섰다. 지역 인사들이 모이는 송년 모임마다 빠짐없이 얼굴을 내밀고 '1·1·1 장학사업'의 취지와 필요성을 설득하기 시작했다. 이후 2009년 신년 인사회에서 장학사업을 공식 제안했고, 새해를 맞아 2주일간 진행된 주민과의 대화 시간에도 장학 프로젝트에 대한 관심을 호소했다.

오랜 사전 작업 끝에 2009년 2월 장학사업을 출범시켰다. 사업 취지를 들은 사람들은 모두 "좋은 일이네요"라며 고개를 끄덕였다. 하지만 막상 실제로 후원하겠다는 사람이 얼마나 될지는 짐작하기 어려웠다. 더구나 경기도 꽁꽁 얼어붙은 마당이었다. 행여 참여가 저조하더라도 좋은 뜻으로 최선을 다했다는 데 만족하자고 마음을 다독였다. 하지만 사업 출발과 동시에 후원에 동참하겠다는 전화가 줄을 이었다. "생활비를 줄이더라도 장학금부터 내고 싶다"는 후원자들의 신청이 쇄도하여 불과 6개월 만인 8월 말까지 후원 계좌가 6,725계좌나 모였다. 그리고 여기서 조성된 8억 697만 원 중 2009년 봄, 가을 두 차례에 걸쳐 관내 중고교생 333명에게 장학금을 전달할 수 있었다.

송파구 주민들은 이 사건을 '만 원의 기적'이라 부른다. 누군가에게는 8억 원이 그리 큰돈이 아닐지 모른다. 하지만 한 사람이 수십억 원을 쾌척한 것보다 주민 한 사람 한 사람의 풀뿌리 정성이 모여 큰 물결을 이루어낸 성과이기에 그 기적은 훨씬 아름답고 귀했다.

기적은 지금도 진행 중이다. 후원 대열은 점점 참여의 폭을 넓히고 있다. 주민 아이디어 상금을 쾌척한 50대 남성, 자신이 받은 불우이웃돕기 성금을 장학금으로 내고 싶다며 찾아온 독거노인, 딸이 구청에서 전달한 장학금으로 공부를 계속하게 되었다며 아이가 받은 장학금을 갚겠다고 찾아온 어머니 등 감동적인 사연이 모여 '만 원의 기적'은 점점 더 큰 결실을 만들어내고 있다. 삭막한 도시 콘크리트 바닥을 비집고 초록 풀잎이 고개를 내밀 듯, 거대한 회색 아파트 숲에서도 따뜻한 나눔의 기적이 무럭무럭 자라는 것이다.

이 '만 원의 기적'으로 나는 기적의 의미를 다시 생각하게 되었다. 진정 귀한 기적은 죽은 자가 살아나거나, 복권으로 인생을 역전시키는 거창한 기적이 아니라, 일상에 깃든 작은 힘이 모여 큰 힘을 이루어내는 변화였다. 또한 기적이란 기적처럼 일어나는 것이 아니며, 작은 노력과 소망이 쌓이고 쌓여 어느 순간 거대한 에너지를 분출하는 결과물이라는 것을 알게 되었다. 《대지》의 작가 펄 벅이 말했듯이, "진정한 삶의 지혜는 일상에서 기적을 보는 데 있다."

예전에 어느 책에선가 기적이란 위기의 땅에서 서로 마음을 열고 수많은 사람이 함께 호응해 신명을 이룰 때 탄생한다는 '기적의 공식'을 읽었던 기억이 난다. 생각해보면 이 기적의 공식은 모든 곳에 얼마든지 적용할 수 있다. 개인이든 가정이든 조직이든, 변화가 필요하고 위기에 부딪혀 해법이 필요하다고 느낄 때 이 공식을 떠올려보라. 자신이 리더라면 더욱 기적을 믿고 일으킬 수 있어야 한다. 구성원들의 잠재된 힘과 에너지를 끌어내 최대치로 활용하는 지혜, 그것이 바로 위대한 리더십이다.

# 인생 통장에 사람을 저축하라

자신보다 현명한 사람의 도움을 받을 줄 알았던 사람,
여기 잠들다.
**앤드류 카네기의 묘비명**

여러분은 통장이 몇 개나 있는가? 요즘 젊은이들은 통장 개수가 확실히 적은 것 같다. 펀드나 주식 등 통장과는 거리가 먼 금융 생활을 할 뿐 아니라, 은행 예금과 관련된 일도 인터넷으로 척척 해내기 때문에 실물통장을 가질 일이 별로 없는 것이다.

나는 재테크에서만큼은 전통적인 은행상품을 선호하는 구식이다. 그리고 아무리 바빠도 적금이나 예금에 가입할 일이 있으면 꼭 은행에 직접 간다. 인터넷으로 해결하면 은행에 갈 일 없이 뚝딱 처리할 수 있고 금리도 더 높다는 것을 알지만 왠지 빳빳한 통장을 손에 쥐어야 안심이 되고 마음이 든든하다. 딸들은 이런 내게 디지털 시대에 뒤떨어졌다고 흉을 보지만 어쩌겠는가, 나는 아날로그 세대다!

그런데 은행통장 말고 내가 각별히 아끼는 통장이 있다. 바로 사람을 저축하는 '인생 통장'이다. 직장이나 각종 모임 등 사회적 관계를 모아둔 공적 계좌, 가족이나 친구 등 개인적 관계를 모아둔 사적 계좌를 고루 든든하게 채워 내게는 알토란과 같은 통장이다. 사회생활, 나아가 인생에서 꼭 필요한 이 사람들은 내게 든든한 언덕이 되어준다. 여성 후배들에게도 이 인생 통장을 중요하게 여기라고 꼭 말해주고 싶다. 가끔 여성 후배나 우리 여직원들을 보면 사적 잔고는 괜찮은데 남성들에 비해 공적 잔고가 영 신통치 않은 경우를 볼 수 있다. 그런데 조직과 사회생활에서는 이 공적 잔고가 어마어마한 힘이 된다.

아마 이런 농담도 들어본 적이 있을 것이다. 세상에서 가장 강한 조직이 세 가지 있는데 첫째는 호남향우회, 둘째는 해병전우회, 셋째는 고대 동문회다. 그리고 그중 제일은 호남 출신의 고대 동문 중 해병전우회라는 것이다. 그저 우스갯소리로 넘겨버리기에는 그 안에 들어 있는 뼈가 굵고도 굵다.

잠시 옛날로 돌아가 내 경험을 털어놓고자 한다. 1993년 내가 정무2차관이 되었을 때 이야기다. 당시 나는 이른바 '실세 차관'이었다. 그렇지만 내가 모르는 정보를 다른 차관들은 모두 알고 있는 일이 잦았다. 당시 차관 중에는 S대 상대 출신이 가장 많았고, 아마 그 다음으로 S대의 다른 단과대, 그리고 K대 출신이 많았는데 같은 사슬에서도 단과대끼리 단단히 결집된 모습을 많이 보았다. 좀 지나고 나서야 나는 이들이 회의가 시작되기 며칠 전부터 서로 전화를 돌려 정보를 공유하고 논리와 주장을 철저히 준비한다는 사실을 알게 되었다. 정보에서 소외된 비파(非派)들은 회의 당일에 와서 사안을 들으니 준비가 되어 있을 리 없고, 당연히 '게임'에서 낼 수 있는 목소리 크기도 현저히 작았다.

이 이야기를 이른바 남성들의 '패거리 문화'를 따라가라는 말로 오해하지 않았으면 한다. 그만큼 남성들이 인적 인프라와 네트워킹에 강하다는 점을 강조하고 싶어서 꺼낸 말이기 때문이다. 남성들이 처음 만났을 때 나누는 대화를 잘 들어보라. 그들은 고향, 고등학교, 중학교, 초등학교, 군대까지 샅샅이 파헤치며 네트워킹의 실마리를 찾는다. 해병대가 아니라면 학군단 동기라도 챙기는 것이 남성이다.

여성들이 어떤 사람을 두고 "그 사람 괜찮더라" "기러기 아빠래" 등 감성적 정보를 입력할 때, 남성들은 그 사람은 고등학교 몇 회 졸업했으며 대학교는 어디를 나왔는지 등 도움이 될 정보부터 입력해 놓는다. 그렇게 다방면으로 구축한 강력한 네트워크를 통해 다양한 정보를 얻고, 필요한 도움을 주고받는 든든한 언덕이 된다.

그런데 여성들은 인적 인프라를 구축할 기반도, 관심도 별로 없다. 이는 기질적 차이일 수 있지만 같은 학교를 나왔다고 해도 "어머, 반가워요” 하고는 그만이다. 무언가 의미 있는 모임을 결성하고 이를 정보 네트워크로 활용하는 것은 거의 보지 못했다.

환경적으로도 여성은 사회적 스킨십에서 불리하다. 그동안 인맥을 만들기 위한 인적 교류가 술집, 사우나, 흡연실 등 주로 남성 중심의 음지에서 이루어졌기 때문이다. 하지만 사회가 달라지면서 인맥을 구축하는 환경도 상당히 달라졌고, 계속 달라지고 있다. 특히 건강 바람을 타고 금연이 늘고 술자리가 예전보다는 확연히 줄었고, 남성들도 폭탄주보다는 와인, 유흥가보다는 골프장 등 인적 교류의 매개와 장소를 옮기는 추세다.

자, 그렇다면 이제 어떻게 공적 잔고를 늘려야 할까? 다음은 여성 후배들에게 내가 조언해줄 수 있는 인생 통장 불리기 노하우다.


## 동료 집단을 뛰어넘어라

여성들의 취약점 중 하나가 사회에 나와서 모르는 사람을 알아가고 그 반경을 넓혀가는 데 관심이 부족하다는 것이다. 자신과 관계가 없는 모임에는 기회가 있더라도 참석을 꺼리고, 설사 새로운 사람을 만나고 오더라도 그것으로 그만이다. 하지만 아는 사람끼리만 교류하는 것은 한계가 있다. 가족, 친척, 학교 동창, 직장 동료 등 물론 친근하고 반갑지만 그들과 나누는 대화를 생각해보라. 지난 모임이나 다음 모임에서도 십중팔구 거의 비슷할 것이다.

정보 네트워크를 강화하려면 동료 집단을 과감히 뛰어넘으려는 노력이 필요하다. 아는 얼굴이 별로 없는 모임, 내 분야와 무관한 어색한 모임에도 적극적으로 참석해야 한다. 그리고 다양한 분야의 '모르는 얼굴'을 '아는 얼굴'로 만들어라. 당장 직장에서부터 실천할 수 있다. 점심시간을 이용해 자기가 일하는 부서 외에 다른 부서 사람들과 교류를 넓혀라.

## 진심으로 관리하라

인간관계에 관리라는 단어가 거북스럽다고 생각할지 모르겠다. 하지만 인간관계에서도 관리는 꼭 필요하다. 물론 계산적·형식적 관리는 금물이다. 어떤 관계라도 '진정성'이 바탕이 되어야 발전할 수 있다.

이를 위해서는 인맥을 "힘 있는 사람에게 잘 보여 언덕으로 삼는 것"이라고 생각하는 편견부터 버렸으면 한다. 서로 도움을 주고받을 수 있는 사람, 정보를 나눌 수 있는 사람, 함께 도움이 되고 발전할 수 있는 관계가 되겠다는 자세가 필요하다는 이야기다.

이제껏 들어본 것 중에 대기업 부사장을 지낸 어떤 분의 이야기는 진심으로 사람을 관리한 가장 감동적인 사례였다. 그는 이해관계가 없더라도 주변 사람들에게 잘하기로 소문이 자자했다. 부친이 돌아가시고 난 후 1년에 한 번씩 부친의 친구 분들에게 식사를 대접했다는 일화는 지금도 업계에서 회자된다고 한다. 그가 얼마나 잘되었는지는 중요하지 않다. 하지만 한 가지 확실한 것은, 그의 인생은 분명

질적으로 풍요로웠으며 무슨 일이 있을 때 발 벗고 도와줄 사람들이 헤아릴 수 없이 많았다는 것이다.

지금 당장 당신의 지인 명단을 펼쳐보라. 늘 '전화 한 번 해야 할 텐데…'라고 중얼거렸던 사람들을 체크하라. 그리고 지금 당장 전화하거나 만날 약속을 잡고 이메일도 보내라.

덧붙여 여성들에게 강조하고 싶은 것은 경조사다. 여성들은 상대적으로 경조사 챙기기에 신경을 덜 쓰는 편이다. 하지만 경조사는 사회적 관계의 윤활유다. 경조사는 꼭 챙기되, 그중에서도 애사에는 직접 갈 것을 권한다.


## 우정도 중요하다

방금 전 동료 집단을 벗어나라고 했던 말과 상충한다며 앞 장을 뒤적이는 독자도 있을 것이다. 하지만 우정을 소중하게 생각해야 한다는 것은 또 다른 이야기다.

흔히 가까운 사람에게 배려와 정성을 아끼는 사람들이 많다. 특히 여성들은 다른 무엇보다 결혼을 하면서 육아와 직장 일에 치여 본의 아니게 친구들을 멀리하는 경우가 많다. 하지만 우정이란 근육과 같아서 사용하지 않으면 금세 쇠약해진다. 인생에서 어떤 일이 있어도 내 편이 되어줄 수 있는 친구를 가지는 일은 어떤 인맥보다 절실하고 필요한 프로젝트다.

지금, 당신의 인생 통장을 챙겨보자. 잔고가 든든한가? 혹시 마이너스로 돌아선 계좌는 없는가? 지금도 늦지 않았다. 종잣돈을 모으는 열심과 정성으로 인생의 고비마다 원군이 되어줄 든든한 인적 자산을 두둑이 불리도록 하자.

# 26

# 끊임없는 훈련으로
# 전략지능을 높여라

예전에 나는 '열심히 일하면 좋은 일이 생길 것'이라 배웠지만,
지금의 나는 '현명하게 일할수록 더 좋은 일이 생긴다'고 믿는다.
켄 블랜차드

얼마 전 8시 뉴스에서 재미있는 외신을 보았다. 《이솝우화》의 '지혜로운 까마귀' 이야기가 그저 지어낸 우화가 아니라는 사실을 영국 케임브리지 대학에서 실험으로 입증했다는 소식이었다. 연구팀은 높이가 15센티미터 되는 물병에 절반 이하로 물을 담아 그 위에 먹이를 띄웠다. 까마귀는 병 입구가 좁아 부리가 닿지 않자 물병 주위를 서성였다. 잠시 후 연구진이 새장 안에 조약돌을 넣어주자 까마귀는 돌을 하나씩 병 안에 집어넣어 물 높이를 올린 후 먹이를 꺼내

먹었다. 물을 절반 이상 담아준 경우에는 영리하게도 조약돌을 하나만 집어넣어 먹이를 꺼내 먹었다.

또 크기가 다른 조약돌을 섞어서 새장에 넣어주자, 까마귀는 큰 돌만 쏙쏙 골라 병에 넣었다고 한다. 돌멩이가 클수록 물이 빨리 올라온다는 것을 간파했던 것이다. 이에 대해 연구진은 "까마귀도 도구를 사용할 만큼 높은 지능을 가진 것으로 드러났다. 필요가 발명의 어머니라는 《이솝우화》의 교훈이 증명되었다"고 말했다.

《이솝우화》와 2009년 텔레비전 뉴스에 등장한 이 지혜로운 까마귀는 '전략적 사고'의 위력을 유감없이 보여준 훌륭한 사례다. 전략적 사고를 통해 목이 마를 때 물을, 배가 고플 때 먹이를, 혁신이 필요할 때 방법을 손쉽게 구할 수 있는 것이다.

앞서 말한 '인적 네트워크'와 더불어 대체로 여성들에게 부족한 역량 중 하나가 바로 전략적 사고다. 감성적인 면이 뛰어날수록 전략과 논리에서 약한 경우를 많이 볼 수 있다. 감정을 제대로 조절하지 못해 업무 능력이 평가절하되는 경우도 생각 외로 흔하다.

하지만 사회에서 이루어지는 '게임'에서는 전략적 사고 능력이 대단히 중요하다. 예를 들어 일을 추진할 때 어떤 방식이 가장 효과적일 것인가, 어려움에 봉착하면 누구의 도움을 어떤 식으로 받을 것인가, A라는 안이 통하지 않을 경우 B라는 계획은 어떻게 가지고 갈 것인가 등의 문제에 전략적으로 접근해야 한다. 그저 막연하게 순진한 마음으로 게임에 임했다가는 각종 네트워크로 중무장한 남성들의 전략적 아성을 뛰어넘을 수 없다.

그렇다면 전략적 사고의 핵심은 무엇일까? 나는 논리력과 통찰력을 그 정수로 꼽고 싶다. 문제를 논리적으로 분석하여 해결을 모색하는 과정, 과거와 현재를 토대로 미래를 통찰하는 과정이 바로 전략적 사고라고 생각한다. 나는 이런 능력을 '전략지능'이라 부르는데, 이것은 타고나는 아이큐와는 전혀 다른 '사고의 지능'이며 꾸준한 훈련을 통해 높일 수 있다는 것이 내 생각이다.

나 역시 이 전략지능을 높이기 위해 오랫동안 부단히 노력했다. 바로 앞서 강조했던 '독서'를 통해서다. 남의 경험을 가장 싼값에 가장 빨리 내 것으로 만드는 데는 독서만 한 것이 없기 때문이다. 그런데 직원들에게 요즘 무슨 책을 읽는지 물으면, "바빠서 책 볼 시간이 없다"는 이들이 의외로 많으니 안타까운 일이다.

나는 다방면으로 책을 읽되 장기적으로 계획을 세워 주제별로도 탐독하는 방법을 추천하고 싶다. 신문도 전략지능을 높이는 데 큰 도움을 준다. 이렇게 말하면 "책은 몰라도 신문은 읽는다"는 사람이 많은데 혹시 '관심 있는 면'만 보지는 않는지 되돌아보자. 신문을 볼 때는 처음부터 끝까지 꼼꼼히 읽되 특히 필자가 논리와 주장을 펼치는 사설이나 오피니언 면을 꼭 챙겨볼 것을 권한다. 잘 짜인 논리를 주의 깊게 살피다 보면 어떤 사안을 대하더라도 자신의 주장을 깔끔히 정리하는 데 상당히 도움이 된다. 보고서나 기획서의 질이 달라지는 것은 두말할 필요도 없다.

특히 평소에 "알긴 아는데 설명을 못하겠다"는 사람이라면 신문을 더욱 꼼꼼히 읽길 바란다. 알면서도 설명을 못하는 것은 두 가지 이유 때문이다. 일단 내용을 제대로 모르기 때문이고, 그 다음은 생각을 논리정연하게 풀어내는 훈련이 부족해서다. 이런 사람들에게 신문은 지식과 논리력을 한꺼번에 강화시킬 수 있는 보물 창고다.

더불어 신문은 세상을 폭넓게 보는 안목을 기르고 시대적 트렌드를 파악하는 데도 큰 도움이 된다. 흔히 '신문'에 '구문(舊聞)'이 많다고도 하지만 꼼꼼히 읽어가다 보면 빛나는 아이디어, 참신한 발상을 반드시 건질 수 있다. 시대 변화를 읽고 전략을 세우는 기초도 탄탄해진다.

가능한 한 많은 경험을 해보라는 조언도 빼놓을 수 없다. 모름지기 경험의 크기가 일의 성과 크기도 바꾼다는 것이 나의 오랜 신념이다. 이는 읽는 것만으로는 100퍼센트 대체할 수 없다. 한 예로 도시에 공원을 만든다고 가정해보자. 뉴욕 센트럴파크 잔디밭에 앉아 준비한 도시락을 먹어본 사람과, 동네 밖으로는 단 한 발짝도 나가보지 못한 사람이 밑그림을 그린다면 누가 더 멋지게 그릴 수 있을까?

또 하나 강력하게 추천하고 싶은 방법은 메모다. 성공한 사람들 중에는 메모광이 유독 많다지만 멀리 갈 것도 없다. 흔히 주변에서 아이디어맨으로 소문난 사람들을 관찰해보면 늘 메모지와 펜을 달고 사는 것을 볼 수 있다. 누구나 번뜩 스치는 영감이 있지만, 이를 활자로 붙잡아두는 사람은 많지 않다. 하지만 무슨 정보든 꼼꼼히 메모하고 이를 기본으로 살을 붙여나갈 때 비로소 멋진 아이디어가 탄생한다는 것을 알아야 한다.

같은 맥락에서 추천하고 싶은 것은 일기다. 어쩌면 직장인들에게는 일기라기보다 일지라고 하는 것이 어울릴지 모르겠다. 일기든 일지든 짧아도 좋으니 그날 한 업무와 잘한 점, 부족한 점, 같은 일을 다시 할 경우 보완할 사항 등을 객관적으로 분석해 글로 써보자. 이것이 점점 쌓이다 보면 어느 순간 자신만의 전략계발서가 완성되어 있을 것이다.

마지막 노하우는 한 번 더, 조금 다르게 생각하는 습관이다. 이안 길버트의 《씽킹트리》라는 책을 보면 이런 문제가 나와 있다.

"1시간에 5분을 절약하면 76년 동안 몇 개월을 절약할 수 있을까?"

설명에 따르면 이 질문이 주어졌을 때 보통은 구구단으로 계산하기 시작한다. 하지만 상상력이 풍부한 이들은 계산법이 달랐다. 5분이 한 시간의 12분의 1이므로 1년의 12분의 1은 1개월, 76년의 12분의 1은 76개월이라는 것을 복잡한 계산식을 쓰지 않고도 금세 생각해냈다는 것이다.

책에서는 창의력을 강조했지만 이 이야기는 '전략지능'의 측면에서도 적용할 만하다. 기존의 방식과 다른 방식, 보다 효율적이고 효과적인 방법을 한 번 더 생각해보자. 그것이 전략적 사고요, 창조와 혁신의 지름길이다. 자, 바로 지금 메모지와 펜을 꺼내 다음과 같이 메모해보자.

✓ 전략적 사고를 훈련하는 5가지 방법: 독서, 신문, 메모, 경험, 한 번 더
  생각하기.


이렇게 메모한 당신은 벌써 전략지능을 계발하고 있다. 이 책을
지금 읽고 있고, 메모까지 했으니 벌써 5분의 2를 실천한 셈이다. 그
렇게 조금씩, '전략의 천재'를 향해 나아가도록 하자.

# 27

*The First is short and The best is long*

# 첫인상은 두번 줄수 없다

First impressions are the most lasting.
(첫인상이 가장 오래간다.)
서양 격언

재미있는 실험을 하나 해보자. 다음 ❶번과 ❷번 문장을 읽고 문장 속 사람에 대해 받은 느낌을 각각 적어보자.

❶ 김영순은 지적이고, 부지런하고, 충동적이고, 비판적이고, 고집이 세며, 질투심이 강하다.

❷ 김일순은 질투심이 강하고, 고집이 세며, 비판적이고, 충동적이고, 부지런하며, 지적이다.

느낌을 적어본 후 1번의 김영순과 2번의 김일순이라는 사람에 대해 자신이 내린 평가를 다시 한 번 검토해보자. 1번 김영순이 더 괜찮은 사람이라고 생각되지 않았는가? 2번 김일순에 비해 좀더 똑똑하고 성실할 것 같지 않았는가? 그런데 다시 한 번 잘 살펴보자. 이미 눈치 챈 사람도 있겠지만 1번과 2번에 제시된 정보는 완벽히 똑같다. 다만 정보가 기술된 순서만 다를 뿐이다.

위 실험은 미국 심리학자 솔로몬 애쉬(Solomon Asch)가 오래전 실시한 선구적 실험을 살짝 변용한 것이다. 애쉬는 연구에서 실험 참가자들을 두 그룹으로 나눠 스티브라는 가상 인물의 성격을 묘사하는 형용사를 읽고 그에 대한 인상을 적도록 했다. 이때 A 그룹에는 1번과 같이 긍정적인 형용사부터 기술된 문장을, B 그룹에는 2번과 같이 부정적인 형용사부터 기술된 문장을 제시했다. 그 결과 긍정적인 문장을 먼저 읽은 A 그룹 참가자들은 스티브라는 인물을 훨씬 호의적으로 평가했다. 마치 독자 여러분 중 상당수가 1번 김영순을 더 나은 사람으로 생각한 것처럼 말이다.

이와 같은 현상을 심리학에서는 '초두 효과(Primacy Effect)'라 부른다. 풀어 말하자면 먼저 제시된 정보가 이후에 제시된 정보보다 훨씬 중요하게 받아들여진다는 뜻이다. 왜 이런 현상이 빚어지는 것일까? 심리학자들의 설명은 두 가지다.

우선 정보가 나열되어 있을 경우 뒤로 갈수록 읽는 사람 혹은 듣는 사람이 주의를 덜 기울인다는 것이다. 또 다른 설명은 처음에 제시된 항목이 첫인상을 형성하면서 이것이 연이어 나오는 정보를 해석하는 데 영향을 미친다는 것이다. 예컨대 스티브에 대해 '지적'이라는 첫인상을 가진 후에는 '비판적'이라는 정보가 지적이라는 사실을 뒷받침하는 근거로 여겨지지만, 처음부터 '질투심이 강하고 고집이 세다'는 인상을 가지면 똑같이 '비판적'이라는 정보도 성격이 '까칠하다'는 식으로 해석된다는 것이다.

두 가지 설명 중 어떤 것이 더 타당한지는 논란이 분분하지만, 여기서 강조하고 싶은 것은 사람의 첫인상이 대단히 오래가기 때문에 그만큼 이미지 관리에 신경 써야 한다는 점이다. 특히 직장 내 이미지 관리가 중요하다는 데 이견을 달 사람은 없을 것이다. 그리고 이미지는 대부분 첫인상으로 좌우된다.

생각해보자. 어떤 사람이 일을 잘하느냐 못하느냐를 제대로 평가하기까지는 상당한 프로세스를 거쳐야 하며 시간도 오래 걸린다. 따라서 그 사람에 대한 평가는 대부분 처음 접했을 때의 이미지, 즉 첫인상이 상당 부분 좌우한다. 분위기, 표정, 옷차림, 제스처, 태도 등이 결합하여 각인되는 첫인상 말이다. 따라서 조직 내 이미지 관리는 이 첫인상을 잘 남기는 데서 출발한다.

예를 들어 당신이 인사이동으로 새로운 부서로 옮겼다고 가정해보자. 상사가 얼마 지나지 않아 당신을 불렀다.

"ㅇㅇㅇ 대리, 이 일 한번 해보지?"

척 보니 개인 역량으로는 감당하기 어려운 버거운 프로젝트다. 이

때 당신은 과연 어떻게 말할까?

"제가 맡을 일이 아닌 것 같습니다."

아니면 좀더 예의를 갖춰서 "죄송합니다만 어려울 것 같습니다"라고 말할까? 혹시 못할 것 같으면 못하겠다고 솔직하게 말하는 것이 좋은 태도라는 사람이 있다면 절대 그렇지 않다고 말해주고 싶다. 오히려 나는 '상사'의 자리에 있는 사람으로서 "그렇게 답할 일이 아닌 것 같다" 혹은 "미안하지만 (그렇게 대답하면) 직장 생활이 어려워질 것 같다"고 조언해주고 싶다. 처음부터 "못한다"고 말하는 직원에 대해 좋은 인상을 가질 상사는 이 세상에 단 한 사람도 없기 때문이다. 당연한 말이지만 어려운 일이라도 일단 해보려는 자세가 후하게 평가된다. 일단 업무를 파악한 후 어려운 점과 도움이 필요한 것들을 상사와 상의하는 것이 순서라는 이야기다. "진행하다 보니 이런 점이 어렵습니다"라고 상의하면 얼마든지 조력자를 붙여주거나 적절한 조언을 해줄 수 있다.

첫인상 관리가 중요한 이유는 한 번 나쁘게 각인된 인상을 만회하는 데는 엄청난 노력과 시간이 필요하기 때문이다. 앞서 말했다시피 '진정한' 업무 능력을 증명하기까지는 상당히 오랜 시간이 걸린다. 그리고 그 시기가 도래하기도 전에 이미 "그 친구는 영…"과 같은 평가가 퍼져 있는 경우가 많다.

아울러 한 번 '업무 능력이 떨어지는군' 또는 '적극성이 부족하군'과 같은 평가를 받은 사람은 실력을 보여줄 기회 자체가 점점 줄어든다는 점도 기억해야 한다. 부정적인 이미지로 낙인 찍힌 직원에게는 쉬운 일이든 어려운 일이든 일할 기회 자체가 적게 주어지기 때문이다.

상사 입장이 되면 결국 '일 잘하는 사람'에게 일을 맡기게 된다. 당사자야 업무 과부하에 대한 부담이 있겠지만 결국 그 사람의 발전에 도움이 되니 기쁘게 생각했으면 한다. 다양한 업무 경험이 그 사람의 실력을 만들기 때문이다.

첫인상의 중요성은 '후광 효과(Halo Effect)'라는 측면에서도 찾을 수 있다. 심리학 용어인 후광 효과는 어떤 대상이나 사람에 대한 일반적 견해가 그 대상이나 사람의 구체적인 특성을 평가하는 데 영향을 미치는 현상을 뜻한다. 쉽게 말해 '예쁜 놈은 뭘 해도 예쁘고, 미운 놈은 뭘 해도 밉다'는 옛말을 떠올리면 된다.

예전에 유행했던 유머도 비슷한 맥락이다. 예쁜 여학생이 장학금을 받으면 "기특한 것"이라 하고 못생긴 여학생이 장학금을 받으면 "독한 것"이라 한다는 유머 말이다. 물론 이는 외모를 두고 우스갯소리로 한 농담이지만, 첫인상도 이와 유사한 효과를 낸다는 점을 명심했으면 한다.

상사의 입장에서 고백하자면, 일 잘하는 사람이 실수하면 '원숭이가 나무에서 떨어질 때도 있군'과 같은 생각이 드는 반면 일 못하는 사람이 일을 잘해내면 '누가 도와주었나'와 같은 생각이 든다.

어떤 독자는 이 이야기에 발끈할지 모르겠다. '사람은 자고로 겪어봐야 아는 것인데, 이렇게 첫인상에 연연하다니!' 하며 말이다. 물론 그 말도 맞다. 첫인상이 절대적일 수는 없다. 심리학자들의 연구에 따르면, 사람의 첫인상을 결정하는 시간은 길어야 7초를 넘기지 못한다고 한다. 미국 다트머스 대학의 폴 왈렌(Paul Whalen) 교수는 뇌의 편도체가 첫인상을 판단하는 데 걸리는 시간은 1,000분의 17초에 불과하다는 연구 결과를 내놓기도 했다.

그 짧은 시간에 파악한 인상이니 오류가 있을 가능성이 다분하지만, 그래도 어쩌겠는가. 오류 여부와 무관하게 그 영향력이 지대할 뿐 아니라 오래간다는 것이 중요하다. 결국 인상 관리가 그만큼 중요하다는 이야기다.

# 지금 당신 곁에
# 있는 사람과 행복하라

인생은 짧고,
당신의 아이들이나 친구들 그리고 사랑하는 사람들이
내일도 당신 곁에 남아줄지는 아무도 모른다.
인생은 너무나 짧다.
그래서 나는 아이들을 볼 때마다
최대한 그들의 모습을 즐기고, 시간 있을 때마다
사랑하는 사람, 나의 가족, 친구들의 존재를 즐긴다.
돈 미겔 루이스, 《내가 말을 배우기 전 세상은 아름다웠다》 중에서

오랜 시절 친분을 쌓아온 후배 A는 학창 시절부터 명민하고 열정이 넘치는 재원이었다. 졸업 후 들어간 회사에서도 완벽주의자라고 불릴 만큼 열심히 일했고 능력을 인정받았다. 그러다 30대 중반에 결혼하여 출산했다. 출산 휴가를 끝내고 A는 회사로 복귀했고 아기는 입주 아주머니에게 맡겼다.

하지만 A는 회사 일정이 불규칙하고 야근이 잦아서 가끔은 주말에나 아이 얼굴을 볼 때도 있었다. 당연히 아이가 처음으로 고개를

드는 것도, 몸을 뒤집는 것도, 걸음을 떼는 것도, 처음으로 "안녕" 하고 말하는 것도 보지 못했다. A는 인생에서 가장 중요하다는 아이의 유아기에 '엄마'로서 함께해주지 못했다는 죄책감과 아쉬움이 늘 마음 한 곳을 짓눌렀다며 이렇게 말했다.

"아이가 엄마보다 아주머니를 더 찾을 때면 가슴이 무너지고, 아이에게 정서적 체험을 다양하게 시켜주지 못하는 것도 미안하기만 해요. 마음이 불안할 뿐 아니라 아무래도 아이에게 신경 쓸 일이 많다 보니 예전처럼 일에 100퍼센트 집중하기도 어렵고요. 그래서 일도 육아도 어느 것 하나 제대로 못한다는 자괴감이 들어요. 남자 동기들은 대학원도 다니고 자기계발에도 투자하고 저녁 모임도 열심히 다니면서 인맥을 넓히는데 저는 점점 뒤처지는 것 같고요. 그럴 때는 불쑥 아이가 없었다면 내 인생이 훨씬 수월했을 것 같다는 생각이 솟고, 그럼 또 아이에게 죄를 지은 마음이에요. 대체 누구를 위해, 무엇을 위해 이렇게 사는 걸까요?"

또 하루에도 사표를 쓸 생각이 수십 번씩 든다는 A는 이렇게 물었다.

"일과 삶의 균형, 그거 다 헛소리 아니에요? 일도 삶도 내게 100 이상을 요구하는데 100을 쪼개서 균형을 잡는다는 게 도대체 가능한가요? 선배님은 인생이 행복하셨어요?"

A 말고도 이 땅에서 일하는 수많은 여성이 '일과 삶의 균형' 문제를 고민할 것이다. 결혼을 했든, 하지 않았든 내용은 달라도 비슷한 고민을 하고 산다. 이들은 과연 자신이 제대로 살고 있는 것인지, 이

것이 진정 자신이 추구하던 행복한 삶인지 끊임없이 고민한다.

여성에게 일과 삶의 균형이 과연 가능한 것일까? 내 인생은 과연 행복한가? A의 질문이 아니더라도 이는 내가 오랫동안 자문해왔던 물음이다. 여기에 대한 답은 잠깐 미루고 다른 이야기를 해보자. 내 오랜 친구 Y의 이야기다.

광고회사 중역인 Y는 바쁘기로는 한국에서 둘째가라면 서러울 '골드미스'다. 그가 모처럼 "간단히 저녁이나 하자"며 단짝 친구 6명을 집으로 초대한 날, 식탁에서는 한바탕 소동이 일어났다.

"아니, 네가 어떻게 이런 환상적인 요리를!"

"도대체 일하면서 언제 이런 솜씨를 갖췄니?"

"하긴 Y 자존심에 이 정도 실력 아니면 우릴 초대했겠어."

평소 Y의 스타일대로 심플함과 스피드를 앞세워 후다닥 만들어낸 요리가 차려져 있을 것이라는 예상과 달리, Y가 내놓은 접시들은 어지간한 한정식 집은 저리 가라 할 만큼 맛있는 음식들로 가득했다. 갈비찜은 제대로 물러 깊은 맛이 우러났고 수삼튀김도 맛깔스럽기 이를 데 없었다. 간장소스로 버무린 샐러드는 아삭아삭 신선함이 뚝뚝 떨어졌고 모래 한 알 없이 해감된 조갯국도 시원함의 깊이가 보통이 아니었다.

눈이 휘둥그레진 우리에게 Y는 빙긋 웃으며 이렇게 말했다.

"그냥 레시피대로 한 거야."

Y가 말을 이었다.

"어느 날 문득 내 인생에서 너희들이 얼마나 고마운 존재인지 생각하게 되었어. 급하면 시도 때도 없이 도와달라고 보챘고, 외로울 때는 막무가내로 불러내 지칠 때까지 푸념을 늘어놓았지. 어디 그뿐이야? 우리는 슬플 때는 와인 잔도 함께 기울였고, 기쁠 때는 자기 일처럼 좋아했지. 너희들이 내게 얼마나 소중한지 몰라. 그래서 부족하더라도 정성껏 내 손으로 만든 음식을 꼭 나누고 싶어서 오래전부터 레시피를 연구했어. 다들 이 나이까지 일하느라 정신없는 내 친구들을 즐겁게 할 만한 메뉴를 고르고 또 골라서 잘 알고 지내는 요리연구가한테 묻기도 하고, 그렇게 나만의 레시피를 만들었어. 그런 다음 제일 신선하고 좋은 재료를 사서 지침대로 요리한 거야."

그날 밤 나는 A의 질문과 오래도록 자문해온 물음에 도움이 될 작은 실마리를 얻었다. 행복해지기 위해서는 자신만의 행복 레시피를 찾아야 한다는 것, 자신에게 가장 소중한 가치를 찾아 우선순위를 정해 적절히 조절해가며 행복의 깊은 맛을 내야 한다는 것이었다.

내 인생을 돌이켜보면 목표를 분명하게 갖기, 꾸준하고 일관되게 노력하기, 네트워크 늘리기, 작은 것에 만족하기, 긍정적으로 세상 보기, 타인을 배려하기, 좋은 친구와 교류하기 등이 주요 재료였다. 이것들을 남편과 가족의 든든한 지원이라는 조리 도구에 넣어 60년간 요리한 인생의 맛을 보자면, 이 정도면 행복한 맛이라는 생각이 든다. 비록 순간순간 쓴맛과 매운맛, 눈물 섞인 맛이 있을지라도 말이다. 일과 삶의 균열에 좌절했던 A에게는 아마도 완벽주의를 버리기,

아기에게 양보다 질로 최선을 다하기, 남편과 가족에게 지원을 요청하기, 자신에게 조금 더 관대해지기 등을 재료로 추천할 수 있을 것 같다.

레시피를 만들 때 무엇보다 중요한 것은 남과 비교하지 않는 것이다. 장안에 소문난 맛집을 두고도 사람마다 평이 제각각이듯이, 모든 사람이 행복을 느낄 만큼 일과 삶의 균형을 이루는 절대 공식은 있을 수 없다. 가족과 함께 내 인생, 내 가족을 위한 맞춤형 행복 레시피를 만들어가는 것이 중요하다. 그것이 일이든 삶이든, 사회적 성공이든 가족의 든든한 언덕이 되는 것이든 해답은 여러분 마음속에 있다.

# 칭찬과 격려는 웰빙 밥상이다

미소를 지을 줄 아는 사람들은 보다 효과적으로
경영이나 세일즈를 할 수 있고, 아이를 더욱 행복하게 기를 수 있다.
찡그린 얼굴보다 미소 띤 얼굴이 더 큰 의미가 있다.
따라서 벌을 주는 것보다는 격려해주는 것이 훨씬 효과적인 교육 방법이다.
**제임스 맥코넬**

어느 이른 아침이었다. 침실에서 나와 부엌으로 가려는데 거실 한쪽
에 남편이 쪼그리고 앉아 중얼중얼 혼잣말을 하는 게 아닌가. 순간
어디가 아픈가 걱정이 되어 가까이 가보니 남편은 베란다 앞에 놓인
난 화분에 물을 주면서 다정히 말을 건네고 있는 것이었다.

"기쁜 일로 우리 식구가 되었으니 우리 좋은 일만 있도록 함께 기
도하자."

"여기 잎은 왜 이럴까. 어디 아프니?"

"미안하다. 아파트라 공기가 너무 탁하지? 여기 시원한 물이라도
실컷 먹으렴."

구청장 취임 후 우리 집 거실은 지인들이 보내온 난 화분으로 거
의 꽃집을 방불케 할 정도였다. 평소 화분은 남편이 도맡아 관리하
는 터라 그저 일이 엄청 늘었을 것이라 생각하고 말았는데, 남편은
귀찮아하기는커녕 그 많은 난과 즐겁게 '대화'까지 나누어가며 정성
껏 돌보았던 것이다.

벼가 농민의 발자국 소리를 들으며 자란다더니, 매일 아침 남편의
애정 어린 덕담을 듣는 난들은 날로 생기를 더했고 해마다 아름다운
꽃과 향기로 그 정성에 화답했다. 좋은 음악이나 다정한 대화를 듣
고 자란 식물이 건강하다는 말을 듣긴 했지만 그 효과를 눈으로 확
인하니 신기할 따름이었다. 이런 남편과 난초는 내게 '말'이 지닌
영향력을 새삼 돌아보게 했다. 식물인 난초도 그런데 사람은 오죽할
까 싶어서다.

특히 중간관리자든 최고경영자든 조직을 이끄는 사람들은 자신의
말에 더욱 신경을 써야 한다. 부모의 말 한마디가 아이들의 기를 살
리고 죽이는 것처럼, 리더의 말 한마디가 직원들에게 열정을 불어넣
을 수도 의욕마저 사라지게 할 수도 있기 때문이다.

생각해보면 '인재'란 가변적이다. 모든 방면에서 뛰어난 인재도
드물게 있긴 하지만, 어떤 자리에서는 기량을 100퍼센트 발휘하던
사람이 다른 자리에 가면 80퍼센트밖에 내지 못하는 경우가 많다.

또 어떤 사람과 일할 때는 50밖에 못하던 사람이 다른 사람과 일할 때는 100 이상의 능력을 보이는 경우도 있다.

내가 오랜 조직생활에서 관찰한 바로는 조직의 환경과 분위기가 큰 변수다. 직원의 기를 살리는 환경인지, 죽이는 환경인지가 그 조직의 경쟁력과 구성원들의 기량을 결정하는 토대가 된다. 또 다른 관찰 결과도 있다. 동기부여에는 '돈'보다 조직 내 '인정'이 더 큰 영향을 미친다는 것이다. 리더의 역할이 중요한 이유가 바로 여기에 있다.

2009년 3월 미국 로스앤젤레스에서 열린 제2회 월드베이스볼클래식(WBC)은 이를 보여주는 좋은 사례다. 대회 준결승전에서 한국이 베네수엘라를 꺾은 후, 언론에서는 일제히 양 팀의 연봉을 비교한 기사를 실었다. 기사에 따르면 베네수엘라 팀은 미국 메이저리그 하이라이트에 단골로 등장하는 메이저리거들을 줄줄이 거느린 스타 팀이었다. 당연히 몸값도 천문학적이어서 선발 선수 10명의 연봉을 합치면 무려 1,257억 원에 달했다. 이에 비해 한국팀은 고작 29억 원에 불과했다. 몸값만 놓고 보면 다윗이 골리앗을 무너뜨린 형국이었다. 전문가들은 감독이 보여준 '신뢰의 리더십'이 "야구는 연봉으로 하는 것이 아니다"라는 야구계의 진리를 입증하는 데 큰 몫을 했다고 분석했다. 또 전문가들은 한국 야구계의 히딩크로 불리는 김인식 감독이 성적이 부진한 선수들에게도 끊임없이 "넌 할 수 있다"는 말로 자신감을 불어넣었으며 '참고, 믿고, 북돋아주는' 리더십을 통해 실력이 몸값 순서가 아님을 전 세계 만방에 떨쳐보였다고 입을 모았다.

나 역시 일은 연봉으로 하는 것이 아니며, 실력 역시 연봉 순서가 아니라는 진리가 조직에서도 그대로 적용된다고 확신한다. 그런데 일반 기업이든 공직사회든 격려와 칭찬보다는 비판과 비난이 더 많다. 문제는 이른바 비판과 비난의 '조짐'을 받을 때 분발하는 일부 유형을 제외하고는 대부분의 사람들이 비판에 계속 노출되었을 때 자기비하와 무력감에 빠지기 쉽다는 데 있다.

잘 아는 친구 딸 J가 대표적인 경우다. 어릴 때부터 영재라는 소리를 듣고, 대학 시절에도 똑똑하기로 장안에 소문났던 그는 졸업 후 회사에 들어가서 엄하고 입이 걸기로 유명한 상사를 만났다. J가 아무리 똑똑하다 해도 일에 부족한 점이 없을 리가 없었다. 상사는 걸핏하면 J가 며칠 밤을 새서 작성해간 보고서를 바닥에 내팽개치고 불호령을 내렸다.

"그 잘난 대학 나와서 이 따위로밖에 못하나! 그래, 이 회사 미래 비전이 이런 맹탕이야? 머리는 모자를 쓰라고 있나?"

"당장 동기 ○○를 데려와! 애초부터 ○○한테 시켰어야 하는데 말이야."

상사는 나름대로 훈련을 시키겠다는 요량이었겠지만 J는 모멸감을 견디지 못하고 직장을 그만두고 말았다. 제3자가 들으면 근성이 부족했다고도 볼 수 있다. 그럴수록 오기를 불태우고 더 분발하는 계기로 삼아야 했다고 나무랄 수도 있다. 하지만 J를 오래 보아온 나는 이를 근성의 문제로만 치부하기가 어렵다. 사람의 유형에 따라 동기를 부여하는 적절한 자극이 다르기 때문이다. J가 만일 내 남편과 같은 상사를 만났다면 어땠을까? 분명 상황이 달라졌을 것이다. 실제로 J는 다른 회사에서 직원들에게 칭찬으로 동기를 부여하는 상사를 만났고, 현재 인재로 인정받으며 능력을 발휘하고 있다.

직원의 역량을 북돋는 긍정적 피드백 방법을 찾고 있다면 '선장후단의 법칙'을 기억하자. 말 그대로 먼저 장점을 인정하고 그 후에 단점을 지적하는 것인데, 이것은 동기부여 능력이 매우 탁월하다는 한 CEO에게서 들은 노하우다.

실은 내 오래된 별명 중 하나가 '똑순이'다. 일을 야무지게 한다는 뜻도 있지만 그보다 똑똑 부러지는 말투 때문이다. 그런데 이런 '똑순이 말투'로 지적을 하면 지적 받는 사람이 느끼는 '강도'가 내 의도보다 훨씬 세다고 한다. 오래전 함께 일한 직원 한 명은 내가 옳고 그른 것을 따지며 일을 보완하라고 할 때마다 "수동 타자기로 한 글자 한 글자 가슴을 후려 찍는 것 같았다"고 고백했을 정도니 말이다. 이런 내게 "직원들을 나무랄 때 너무 날카롭게 하지 말고, 업무를 평가할 때는 먼저 잘된 점부터 거론하고 그 다음에 개선점을 지적하라"는 선장후단의 법칙은 직원들과 원활하게 소통하는 데 큰 도움이 되었다.

만일 J의 첫 상사가 이 법칙을 염두에 두고 J에게 피드백을 주었다면 어땠을까? "전체 틀은 잘 잡았군. 그런데 미래 비전 부분은 좀 더 구체적으로 보여주면 어떨까?"라고 말이다.

좋은 상사는 직원이 기량을 100퍼센트 이상 발휘할 수 있는 환경을 만들어야 한다. 그러기 위해서는 직원을 잘 파악하고 적절한 동기를 부여하는 것이 중요하며 동기부여에는 피드백 능력이 주효하다. 이는 명장이 되기 위해서도 필수적인 자질이다. 찬바람이 쌩쌩 부는 얼음공주보다는 따뜻하게 말을 건네는 훈녀 옆에 사람이 모인다. 또한 주변에 사람이 모이는 이가 큰일을 할 수 있다.

무릇 사람은 밥으로만 사는 것이 아니다. 밥보다 중요한 그 무엇을 찾아 직원들을 끊임없이 고양시키는 힘, 그것이 바로 명장의 힘이다.

# 키스(KISS)를 잘하면 말도 잘한다

틀린 내용을 그럴싸하게 말하는 것처럼 끔찍한 일도 없다.
소포클레스

요즘 서점가에서는 성인을 대상으로 한 말하기와 글쓰기 책이 잘 팔린다고 한다. 어린아이도 아니고 다 큰 어른들이 무슨 말하기와 쓰기를 배운다는 것인지 의아해하는 사람들도 있겠지만, 나는 꼭 필요한 책이라고 생각한다. 보고를 받다 보면 말과 글에 문제가 있는 직원들이 생각보다 훨씬, 의외로 많기 때문이다. 아니, 정확히 말하자면 제대로 말하고 글을 쓸 줄 아는 사람이 생각보다 드물다.

하루에도 보고를 수십 건 받는 자리에 앉아 있다 보면 말이 안 되는 말을 듣는 것이 정말로 괴롭다. 가장 답답한 때는 말이든 글이든 도무지 무슨 소리인지 알 수 없는 경우다. 요점이 무엇인지 당최 종잡을 수 없는 횡설수설형, 시작은 그럴듯하지만 듣고 나면 핵심이 빠진 용두사미형, 쓸데없이 장황한 설명 끝에 정작 중요한 말은 끝에 가서 허둥지둥 흘려버리는 앙꼬 없는 찐빵형 등이 여기에 해당한다. 보고서나 기획서도 마찬가지다. 몇 장을 읽어봐도 핵심이 나오지 않는 보고서가 비일비재하다. 그리고 이런 보고서일수록 주술관계가 맞지 않는 문장과, 문맥에 전혀 어울리지 않는 단어가 빈발한다.

그렇다면 말을 잘하는, 또는 글을 잘 쓰는 방법은 무엇일까? 나 역시 특별하게 말을 잘하는 편은 아니지만 자신의 생각을 제대로 전달하는 것은 매우 중요하므로 여기서 잠시 이야기할까 한다.

아마 여성 독자들 중에는 '나도 말은 잘해' 라고 생각하는 사람들이 많을 것이다. 실제로 말하기에서는 여성이 남성보다 유리한 것 같다. 일단 목소리 톤 덕분에 전달력에서 앞선다. 여성들의 하이 톤 목소리는 멀리 또박또박 전달되는 반면, 목소리가 낮은 남성들은 어조가 없이 말하면 알아듣기가 상당히 어렵다. 상대방에게 적절히 호응해가며 대화하는 양방향 커뮤니케이션에서도 확실히 여성들이 앞서는 것 같다.

하지만 '사회적 말하기' 로 따진다면 의외로 여성들이 취약한 것을 볼 수 있다. 공식적 말하기에서는 미사여구도 청산유수도 중요하지 않다. 가장 필요한 것은 핵심을 간결하게 정리해 말로 전달하는 능력이다. 상사는 대개 당신보다 바쁘기 때문이다. 그런데 대부분의 여성들은 '요점'만 말하는 데 익숙하지 않은 듯하다. 보통 배경 설명이 길어 핵심이 등장하기까지의 과정이 남성보다 오래 걸린다.

여성이든 남성이든 사회적 말하기를 연마하고 싶은 사람들에게 추천하고 싶은 원칙이 있다. 들어본 사람도 있겠지만 'KISS'의 원칙이다. 이것은 'Keep It Simple and Short'의 머리글자를 딴 것인데, 핵심부터 간단하고 짧게 말하라는 것이다.

보고할 때는 길게는 보고서에 추가 내용까지 더해서 말하고, 짧게는 단 하나의 핵심 문장으로 요약해낼 수 있어야 한다. 이를 위해서는 핵심을 가려내는 능력이 필수적이다. 다음은 미국 스탠퍼드 대학 경영대학원의 칩 히스 교수가 쓴 《스틱!》에 소개된 사례다.

"오늘 베벌리힐스 고등학교의 케네스 피터스 교장은 다음 주 목요일 베벌리힐스 고등학교의 전 교직원이 새크라멘토에서 열리는 새로운 교수법 세미나에 참가할 것이라고 말했다. 이 세미나에는 누구누구가 연사로 참석할 예정이다."

이 이야기의 핵심을 학생들에게 전한다면 무엇이라 할 것인가? 책에 제시된 정답은 "다음 주 목요일에 휴교!"다. 책에서는 신문기사에서 적절한 리드를 뽑는 예시로 나온 것이지만, 이는 핵심 요약의 예제로도 모자람이 없다. 여기서 포인트는 말하는 이와 듣는 이가 주요하게 생각하는 것이 각각 다를 수 있다는 점이다. 물론 '듣는 이' 입장에서의 핵심이 더 중요하다는 사실은 말할 필요도 없다.

핵심을 뽑았다면 이를 짧고 정연하게 요약해내는 기술이 필요하다. 이 기술을 강화하려면 많이 알려진 '엘리베이터 훈련'이 정말 유용하다. 상사와 함께 엘리베이터 1층부터 10층까지 올라가는 동안 보고를 마친다는 가정 하에 연습을 하는 것이다. 엘리베이터 문이 열려 상사가 내리기 전까지 내용을 보고한다고 생각해보자. 당연히 요점을 먼저 말하게 될 것이다. 거의 대부분의 보고에서 핵심은 크게 두 가지다. 문제 제기와 해결책. 자세한 설명은 보고서나 추가 설명을 이용하는 습관을 들여라.

말을 할 때는 육하원칙을 기억하는 것도 도움이 된다. '누가' '언제' '어디서' '무엇을' '어떻게' '왜' 라는 기준에 따라 연습을 하다 보면 자연스럽게 뼈대를 추리는 습관을 들일 수 있다.

마지막으로 자신의 언어 습관도 점검해볼 필요가 있다. 의외로 많은 사람들이 자기가 했던 말을 두세 번 반복한다. 또한 '에' '어' '음' 등 쓸데없는 추임새가 말의 절반 이상인 사람도 많다. 이런 습관을 고치려면 자기가 한 말을 녹음해서 들어보길 권한다. 요즘은 휴대전화로도 동영상을 찍어볼 수 있으니 자신이 말하는 모습을 찍어 점검해보라. 고개를 갸웃거리거나, 어깨를 으쓱하거나, 연방 헛기침을 하거나, 눈을 좌우로 굴리는 등 당신도 모르는 습관에 지배되고 있을 가능성이 생각보다 높다.

다음번 보고에 들어가기 전에 꼭 기억하자. 키스(KISS)를 잘하는 여성이 말도 잘한다. 키스, 또 키스하라!

# 만점이 10점이라면
# 100점을 목표로 하라

대부분 사람들은 목표가 너무 높아 달성하지 못할 위험보다는
목표가 너무 낮아 달성할 위험이 더 크다.
미켈란젤로

미국 오바마 대통령이 2009년 노벨평화상 수상자로 선정되었다는 소식에 전 세계가 떠들썩하다. 또 여성이 최초로 노벨경제학상을 타게 되었다는 소식도 들린다. 그러고 보니 벌써 노벨상 시즌이다. 해마다 이맘때면 누구누구가 노벨상을 탔다는 소식이 국내외 언론에서 크게 다루어지는데, 유심히 보지 않아서 그런지 고㈜ 김대중 대통령이 노벨평화상을 받은 것을 빼고는 기억나는 수상자가 거의 없다. 특히 과학 분야는 일단 업적부터 낯선 데다 수상자 이름도 어려

운 경우가 많아서 기억하기 쉽지 않다. 그런 내게 거의 10년이 지난 지금까지도 선명히 기억나는 이름이 하나 있다. 바로 2002년 학사 출신 샐러리맨으로 노벨화학상을 받아 세상을 놀라게 했던 다나카 고이치다.

다나카 고이치는 일본 노벨상 수상자 중 대학 교수도 아니고 박사 학위도 없는 유일한 사람이다. 학사 출신으로 처음 노벨상을 수상했으며, 수상 발표 전날까지도 상사의 꾸중을 들었다는 중소 기계회사의 전형적인 샐러리맨이다. 그는 수상 사실을 알리는 노벨위원회의 전화에 "전화가 잘못 걸려온 것 같다"고 했고, 어머니가 동명이인이 아니냐며 수상을 의심했을 정도로 평범했던 보통 남자였다.

무명 중의 무명, 평범 중의 평범. '보통 사람 선발대회'라도 있다면 왕중왕을 차지하고도 남았을 것 같은 고이치의 과거는 노벨상 수상을 더욱 특별하고 놀라운 사건으로 만들었다. 그리고 그의 평범함은 노벨상은 물론 화학에는 털끝만큼도 관심이 없던 내가 다나카 고이치라는 이름을 더없이 특별한 이름으로 기억하도록 만들었다.

당시 작업복 차림으로 인터뷰에 나선 고이치는 "우연한 실수에서 시작된 발견으로 상까지 타게 되었다"며 수줍게 말했다. 그 모습이 인상 깊어, 나는 몇 년 전 국내에서도 출간된 자서전 《일의 즐거움》을 통해 그의 '수상 비결'을 좀 더 자세히 읽게 되었다.

"지금 자신이 할 수 있는 일을 100퍼센트라고 하고 그것을 실행하려다 실패하면 누구나 낙담하지요. 그러면 이번에는 목표를 90퍼센트 정도로 낮춰보지만 아무리 그렇게 해도 역시 실패할 때가 있지요. 실패의 원인이 반드시 본인에게 있는 것은 아닙니다. 목표를 90퍼센트로 설정해도 다른 요인 때문에 실패할 수 있지요. 자꾸 목표를 낮춘다면 악순환에 빠질 가능성이 있습니다. 그렇다고 해서 처음부터 200퍼센트로 목표를 높이면 실패할 테니, 좀더 손쉬운 110~120퍼센트 정도를 목표로 삼는 겁니다. 목표를 달성하지 못하더라도 '조금 높게 설정했으니 할 수 없지 뭐' 하고 편하게 생각할 수 있습니다. 그런데 120퍼센트로 잡으면 간혹 성공하는 경우도 있어요. 이런 경험을 쌓아가다 보면 어느새 120퍼센트가 당연해집니다. 이것이 반복되면 120에서 150, 200…. 이런 식으로 계속 성장해갈 수 있습니다."

나도 모르게 연필을 잡은 손에 힘을 주어 밑줄을 진하게 그어놓았을 만큼, 절대적으로 공감이 가는 대목이었다. 고이치의 '우연한 실수'는 목표치를 높이 잡고 우직하고 끈질기게 노력한 끝에 따랐던, 필연적 결과였던 것이다. 과학자가 아니더라도 누구나 가슴에 새겨두기에 충분한 미덕이 아닐 수 없다.

사실 나는 직원들 사이에서 '100점 없는 여자'라고 불린다. 비서실 직원의 설명을 빌리자면 "(청장님이) 워낙 꼼꼼하고 깐깐하셔서, 무슨 일이든 100퍼센트 만족하시게 하는 것이 어렵다는 뜻"이란다. 좋은 뜻만은 아니겠지만 내가 늘 "더 잘해보라"고 주문하는 것은 사실이다. 솔직히 말하면 그 정도면 잘되었다 싶은 경우에도 "좀더 고민해보라”고 할 때가 많다. 최고의 결과물은 ‘이 정도면 되었다’고 여겨질 때 ‘더 잘할 방법’을 고민하는 데서 탄생한다는 믿음 때문이다. 그리고 그런 훈련이 쌓이다 보면 어느 순간 그 사람의 잠재력이 폭발적으로 성장하는 것을 내 눈으로 숱하게 확인했다.

이는 업무 능력은 물론 인생의 역량을 확장하는 데도 적용할 수 있다. 자신의 최대치를 뛰어넘겠다는 자세가 성장의 밑거름이 되기 때문이다.

미국 미시간 대학 심리학과 교수였던 노먼 마이어(Norman Maier)의 실험에 따르면, 사람들에게 어떤 문제를 제시해 해결책을 가져왔을 경우 “당신의 해결책이 마음에 들지 않는다”고 말하는 것만으로도 다음 해결책이 처음보다 훨씬 향상된다고 한다. 경영학에서 말하는 ‘도전적 목표(Streth Goal)’를 추구하게 함으로써 사람들이 이전의 것과 다른 새로운 방법을 모색하도록 동기를 부여했기 때문이라는 설명이다.

도전적 목표를 이야기하다 보니 문득 떠오르는 얼굴이 둘 있다. 예전에 잠깐 같은 조직에서 일했던 J와 K다. 당시 갓 신입이었던 J는 명석하고 일 처리도 신입답지 않게 빈틈이 없었다. 얼마 안 가 J는 나이 많은 팀장의 전폭적인 신뢰를 받게 되었다. 그런데 가만히 보니 J는 자신이 할 수 있는 역량을 10으로 치면 늘 7 정도의 수준으로 일을 하는 것이었다. 7 정도로도 얼마든지 팀장에게 인정받을 수 있었기 때문인지도 모르겠다. 그리고 조금이라도 실패할 위험이 있는 일은 아예 하려고 들지 않았다. 그리고 J의 역량은 점점 7 정도로 수렴되어 갔다.

반면 K는 입사했을 때는 그다지 두각을 나타내지 못했다. 하지만 시간이 지날수록 성실함과 '더 잘해보겠다'는 의지가 눈에 띄었다. 일을 맡기면 늘 해야 하는 것 이상의 노력을 보였고, 10을 요구하면 고집스럽게 10 이상을 해내고자 했다. 예상한 결말이겠지만 K는 지금 그 조직의 핵심 인재로 성장해 열심히 일하고 있다.

안타까운 것은 많은 이들이 J처럼 일이든 인생이든 목표치를 무난하고 안전한 높이에 두는 경향이 있다는 점이다. 특히 여성들이 그런 경향이 강한 것 같다. 자신이 잘 아는 분야, 잘할 수 있는 일에 집중하고 그 일을 잘해냄으로써 좋은 평가를 받는 데 만족하는 모습을 흔히 보아왔다. 하지만 내가 경험한 바에 따르면 이런 유형일수록 자신이 설정한 한도가 턱없이 낮은 경우가 많다. 분명 그릇이 훨씬 더 큰데도 한계선을 중간까지만 그어놓고는 물을 다 채웠다고 만족하는 것이다. 나는 심리학자는 아니지만 여기에는 실패하고 싶지 않다는 마음이 깔려 있기 때문이라고 생각한다.

물론 안전한 범위 안에서만 머물면 실패하지 않고 번번이 성공을 즐길 수 있다. 하지만 안전한 성공으로는 진정한 성취감을 얻을 수 없다. 더불어 무슨 일이든 진정한 베테랑이 되려면 많은 경험을 하는 것이 중요하다. 특히 안 해본 일, 서투른 일, 자신 없는 일에도 과감히 뛰어들어 경험하는 도전이 필요하다. 그 사람의 성장은 단순히 경험의 수가 아니라 그 경험을 통해 얼마나 배우느냐에 달려 있기 때문이다. 안전선 밖으로 발을 내딛고, 자신이 알고 있는 극한에 과감히 부딪칠 때 더 큰 자신을 만날 수 있다.

목표를 높이 세워놓다 보면 성공보다는 실패를 더 자주 만나기 마련이다. 하지만 실패와 좌절의 고통을 맛봤던 바로 그 경험을 통해 뛰어난 판단을 내리는 방법을 배우고, 더 나은 자신으로 성장해가는 발판을 차근차근 쌓을 수 있다.

요즘 유행하는 노래 가사를 빌어 이야기하자면, '10점 만점에 10점'이 아니라 100점을 따겠다는 자세를 가져보자(다나카의 권고대로라면 12점이겠다). 어느 순간 20점, 50점으로 당신의 실력이 비약적으로 성장한 것을 느낄 수 있을 것이다.

# '꾸준함'이 '머리 좋음'을 이긴다

재능은 소금보다 값어치가 없다.
재능을 타고난 사람과 성공한 사람을 가르는 것은 끊임없는 노력이다.
스티븐 킹

어느 주말, 오랜만에 시간을 내어 서점에 갔는데 반가운 책이 보였다. 예전에 정말 재미있게 읽었던 《유쾌하게 나이 드는 법 58》이 개정판으로 나와 있었다. 〈타임〉의 에세이 작가인 로저 로젠블라트가 쓴 에세이로, 툭툭 던지는 유머와 촌철살인의 독설 속에 유쾌하지만 결코 가볍지 않은 삶의 통찰이 담긴 책이다. 예를 들어 '당신만 생각하고 있는 사람은 아무도 없다'거나 '자신이 잘하지 못하는 분야를 파고들지 말라' 등 다시 봐도 주옥같은 법칙들이 가득하다. 하지만 역시 가장 마음에 드는 것은 ‘묵묵하게, 그리고 꾸준히! 이것이 경주에서 이기는 비결이다’ 라는 법칙이다. 이에 대한 저자의 설명은 다음과 같다.

“현대인이 깨닫기 가장 어려운 덕목 중 하나가 바로 ‘꾸준히 능력을 쌓아가는 것’ 이다. 이것은 요즘 유행하는 새로움, 혁신, 그리고 흥분과는 반대되는 개념으로 보이기 때문이다. 하지만 누가 만족스러운 삶을 살고 있는지 보라. 바로 꾸준하게 자신의 능력을 발휘하고 사는 사람들이다.”

옛말에도 ‘머리 좋은 사람이 성실한 사람을 이기지 못한다’ 는 말이 있다. 이는 혁신, 창의, 창조와 같은 영역에서도 다르지 않다. 그 어느 것도 결코 하늘에서 전광석화처럼 떨어지는 것이 아니며, 오랜 시간 꾸준한 고민과 내공을 쌓은 이들이 내놓는 땀의 결과물인 것이다.

그런데 말콤 글래드웰의 《아웃라이어》에서도 우연히 같은 법칙을 발견했다. 요즘 가장 잘나가는 경영사상가라는 저자가 설파한 ‘1만 시간의 법칙’ 으로, 요약하자면 “진정한 고수가 되기 위해서는 약 1만 시간의 땀 흘리는 훈련 기간이 필요하며, 우리가 천재라고 생각하는 사람들이 사실은 모두 끈질긴 노력파였다”는 주장이다. 1만 시간이라면 하루 3시간씩 약 10년간 꾸준히 훈련했을 때 그 분야의 성공을 바랄 수 있다는 계산이 나온다.

법칙에 제시된 근거는 이렇다. 컴퓨터 황제 빌 게이츠가 하루아침에 성공한 것 같지만 그의 성공은 7년 동안 쉼 없이 프로그래밍에 매

달린 산물이었다. 전설의 록밴드 비틀즈도 마찬가지다. 비틀즈를 탄생시킨 요람은 무명 시절 독일 함부르크의 3류 음악클럽이었다. 월급도 제대로 나오지 않고, 음향시설도 형편없고, 관객들은 음악에 조금도 관심이 없었던 이 클럽에서 그들은 수년간 원하는 만큼 마음껏 연주를 했다. 이 '천재 밴드'의 탄생 뒤에도 1만 시간 이상의 연습과 훈련이 있었다는 이야기다. 이 밖에도 여러 사례를 통해 저자가 내린 결론은 결국 1만 시간의 투자 여부에 따라 '큰 그릇(성공)'과 '작은 그릇(실패)'이 갈린다는 것이다.

비범함과 거리가 있는 대부분의 평범한 사람들에게는 희소식이 아닐 수 없다. 하늘이 내린 천재란 없으며, 누구나 노력하면 천재 비슷한 수준까지 올라갈 수 있다니 말이다. 생각해보면 '천재 피겨 스케이터' 김연아도 어릴 때부터 10년 이상 피땀을 흘려오지 않았던가. "김연아의 재능을 하늘의 축복이라고 생각하는 사람이 있다면, 연아가 연습하는 모습을 딱 사흘만 지켜보라고 말해주고 싶다"는 전담 코치의 말도 그와 같은 진리를 뒷받침한다. 문제는 꾸준하고 부단한 노력이다.

두 책이 약속이라도 한 듯 강조한 '성공의 법칙'은 오래전 어머니에게 자주 듣던 가르침이기도 했다. 어릴 적 나는 호기심이 많고 엉뚱한 반면 진득함이 부족했다고 어머니는 말씀하신다. 무슨 일을 할라치면 득달같이 결과를 봐야 직성이 풀렸고, 어느 정도 시간이 흘러 결과가 나오는 일에는 몸이 달아서 발을 동동 굴렀다고 한다. 이

런 내게 어머니는 《열자(列子)》에 나오는 '우공이산 우보만리(愚公移山
牛步萬里)'라는 이야기를 자주 해주셨다.

"흙을 조금씩 옮기면 마침내 산을 옮기고, 소의 걸음은 느리지만
만 리를 간다. 모름지기 무슨 일을 할 때는 꾸준히 진득하게 해야 한
다"는 것이었는데, 나는 어머니 말씀이 끝나자마자 얼른 일어나 달
려 나가기 일쑤였다. 그럴 때마다 내 등 뒤로 "소띠면 소처럼 우직하
게 꾸준히 갈 일이지, 자(저 아이)는 왜 그리 엉덩이가 가볍다냐?" 하
시는 어머니의 탄식이 들리곤 했다.

소띠 사람들에게 흔히 기대하는 성품을 거스른 것은 이것만이 아니
다. 음력 7월생인 나를 두고 집안 어른들은 이렇게 예언하시곤 했다.

"자는 여름 소니 바쁠 일은 없을겨. 나무 그늘에서 한가롭게 풀이
나 뜯는 편안한 팔자일겨."

하지만 나는 단 한 번도 여름 소처럼 한가하고 유유자적하게 지내
본 일이 없고, 팔자로 치면 봄 소가 울고 갈 만큼 바쁜 인생이었다.
그런데 바쁜 운명은 변한 바 없지만 엉덩이만큼은 어머니 말씀을 새
겨들었던 것 같다. "소처럼 꾸준히 가라"는 어머니의 훈시는 봄 가랑
비에 옷 젖듯이 마음에 스며들었다. 점점 무슨 일이든 요령보다는
뚝심으로, 잔재주보다는 성실함으로 대하는 자세를 가지게 되었다.

그리고 띠의 다섯 바퀴를 돌아온 지금, 그런 자세가 오늘 내가 선
자리의 밑거름이 되었다고 확신한다. 그리고 크든 작든 성공에 이르
는 위대한 비결은 오로지 꾸준함이라는 어머니의 '소걸음 법칙'을

이젠 내 딸들과 젊은 후배들에게 일러주고 싶다.

이제 《유쾌하게 나이 드는 법 58》에 소개된 영국 비평가 힐레어 벨록의 말로 이 글을 마무리할까 한다. 벨록은 작가를 지망하는 한 젊은이에게 다음과 같이 충고했다.

"한 가지 주제를 물고 늘어져라. 그가 스무 살 때 지렁이에 대해 글을 쓰고 싶어 한다면 그렇게 하도록 내버려두라. 40년 동안 지렁이 이외에 다른 글은 쓰지 않아도 간섭하지 말라. 그가 예순 살이 되면, 이 세상에서 가장 권위 있는 지렁이 대가인 그의 집 앞에 순례자들이 모여들어 무릎을 꿇을 것이다. 그들은 문을 두드리며 지렁이 대가를 알현하고 싶어 할 것이다."

소처럼 묵묵하고 꾸준하게 자신만의 '지렁이'에 매달려보자. 1만 시간의 땀과 노력이 모인 곳, 성공은 그곳에 있다.

# 밥은 술보다 진하다

술이 빚어낸 우정은 술과 같아 하룻밤밖에 지속되지 못한다.
F. 로가우

사회생활에서 가장 괴로운 것이 술자리라는 여성들이 꽤 많다. 시대가 달라졌다고 해도 남성 중심의 접대 문화가 여전히 남아 있고, 술을 마시면 끝을 보려는 폭음 문화가 여전히 많은 회식 자리를 지배하는 까닭이다.

조선 시대에는 '향음주례(鄕飮酒禮)' 의식을 통해 7잔 이상 마시지 말 것, 체력이 약한 자에게 술을 권하지 말 것, 술자리가 끝나면 평상심을 찾을 것 등 점잖은 주도를 가르쳤다고 한다. 하지만 일제 시대의 잔재인지, 군사문화의 영향인지 우리 사회에서는 여전히 폭탄주로 대변되는 과격한 음주 문화가 주류로 행세하고, 기기묘묘한 폭탄주 제조법도 계속 쏟아져 나온다. 음주가 인적 네트워킹의 기본처럼 여겨지고, 회식이면 으레 술이 동반되는 분위기이다 보니 남성에 비해 상대적으로 술에 약한 여성들의 고충은 이만저만이 아니다.

술이 센 여성이라고 해서 고충이 없는 것도 아니다. 술을 잘 마시는 것과 남성들의 네트워킹에 참여하는 것은 별개의 문제이기 때문이다. 술을 잘 마시는 여성도 이른바 '접대' 자리에서는 좀 빠져주었으면 하는 눈치를 받기 일쑤다. 그리고 내가 경험한 바에 따르면 여성이 조직에서 '말술'로 소문나봐야 유리할 일이 별로 없다.

나는 어떤 쪽인가 하면 술을 마시지 않는 '비주류(非酒流)'다. 우선 체질상 맞지 않을뿐더러 일부러 마시지 않는 길을 택했다. 40대 중반, 그러니까 차관이 되기 전까지 내가 술을 한 방울도 마시지 않았던 이유는 처신하기가 어려웠기 때문이다. 당시 내가 일하던 조직에서는 여성이 워낙 적었기 때문에 '젊은 여자'라는 이유만으로도 자칫 이런저런 구설수에 오르는 경우가 많았다. 그래서 나는 술자리에 가지 않고 여성으로서 흠잡힐 빌미는 만들지 않겠다고 결심했다. 그러다 차관이 되고 나서 몇 번 술을 마시게 되었는데, 체질상으로도 술을 못 먹는다는 것을 알게 되었다. 이후 술을 먹지 않겠다는 결심을 더욱 굳혔고, 일은 실력으로 인적 자산은 술이 아닌 다른 방법으로 구축하겠다고 마음먹었다.

내가 택한 대안은 바로 '밥'이었다. 술 대신 밥으로 마음을 트고 '술정(情)'보다 강력한 '밥정'으로 인맥을 쌓기로 했다. 사실 밥정만큼 쉽게 쌓이는 것이 없고, 밥정만큼 무서운 것도 없다. 옛말에도 '먹는 끝에 정 들고 먹는 끝에 맘 상한다'는 말이 있다.

따지고 보면 인간관계에서 밥은 아주 중요한 역할을 한다. 일단 모든 사람과 통할 수 있는 매개다. 세상에 술 안 먹는 사람은 있어도 밥 안 먹는 사람은 없기 때문이다. 또 사람들과 대화할 때 소재를 무궁무진하게 제공한다. 만일 초면인 사람과 이야기가 뚝 끊겼다고 해도 식탁에 오른 음식으로 화제를 돌리면 그만이다.

또한 밥은 동료나 직원과 소통의 물꼬를 여는 분위기 메이커이기도 하다. 구청장이 된 이후 나는 점심시간을 이용해 직원들과 자주 만남을 가졌다. 새내기 직원과 샌드위치 미팅을 하는가 하면, 간부 직원과의 점심 도시락 미팅 등으로 밥정을 쌓고자 노력했다. 처음엔 서먹해하던 직원들은 도시락이 비워질수록, 밥그릇이 쌓여갈수록 더 많은 이야기보따리를 쏟아놓았다.

명품 리더십으로 인정받는 히딩크 감독도 한국 대표팀에 오자마자 한 일이 선수들의 식사 방식을 바꾼 것이라고 한다. 히딩크 감독은 선수들이 끼리끼리 모여 밥을 먹는 모습을 보고는, 선배와 후배들이 함께 먹을 수 있도록 자리를 재배치하고 밥을 빨리 먹은 사람들도 다른 사람들을 기다렸다가 전체가 같이 일어서야 한다는 원칙을 세웠다. 그러자 선수들 간에는 자연스럽게 대화가 이루어지고 정이 돈독해졌으며, 팀워크가 단단해졌다고 한다. 히딩크 감독의 '밥 전략'은 팀 분위기를 다지는 데 일조했을 뿐 아니라, 월드컵 4강 진출이라는 신화를 이루는 데 영향을 미쳤다.

밥을 함께 먹는 것이 상대방과 친밀감을 높이는 데 상당한 효과가 있다는 것은 사회학적·심리학적으로도 증명된 바 있다. 음식을 사회학적으로 통찰한 학술서 《일상과 음식》에 따르면, "밥을 같이 먹는다는 것은 그 자체가 '먹이'를 둘러싸고 바깥의 적이나 경쟁 집단과 경계를 분명히 하는 '함께하기'의 상징"이라고 한다. 심리학 분야의 스테디셀러 《설득의 심리학》에도 비슷한 설명이 나온다. "일반적으로 음식에 대해 인간이 갖는 이미지는 '좋은 기분'이며, 따라서 식사 시간에 접촉한 사람이나 대상을 더 선호하는 경향이 있다."

그런데 해본 사람은 알겠지만 인간관계에서 밥정을 쌓는 데도 상당한 노력과 품이 들어간다. 비싼 밥만이 능사가 아니다. 나 같은 경우 장안의 맛집 리스트를 섭렵해놓고 이를 수시로 업데이트한다. 상대방에 따라, 날씨에 따라, 만나는 지역에 따라 최적의 옵션을 제시하기 위해서다. 예컨대 중장년 남성과 갑자기 점심 약속을 잡아야 한다고 하자. 그러면 나는 이렇게 묻는다.

"점심에 시간 있으세요? 오늘 비도 오는데 뜨끈한 대구탕 어떠세요? 계신 곳 근처에 정말 맛있는 집 있어요."

더불어 '술 실력'이 있는 것처럼 '밥 실력'도 존재한다는 것이 내 생각이다. 누구나 먹는 것이 밥이지만, 누구와도 즐겁게 먹을 수 있는 것은 아니기 때문이다. 처음 만난 사람이든, 직장 동료든 누군가와 밥정을 쌓으려면 '함께 밥을 먹고 싶은 사람'이 되는 것이 중요하다. 일본의 행동심리학자인 시부야 쇼조는 저서 《지루한 남자와 밥 먹지 마라》에서 '함께 식사를 하면 즐겁다'고 생각되는 사람이 있으면 그것만으로도 그는 유능한 사람이며, 그런 의미에서 현대인에게 '식사력(食事力)'이 중요한 경쟁력이라고 한다. 그의 책에 절대적으로 공감이 가는 구절이 있다. "비즈니스에서든, 연애에서든 상대방을 파악하는 데는 함께 식사하는 것만큼 좋은 방법이 없다. 먹는다는 것은 다른 사람과 함께 살아가는 데 중요한 사회적 행동이다. 그리고 먹을 때만큼은 거짓말을 못하는 법이다."

밥에 대한 글을 쓰던 중 신문에서 밥과 관련된 재미있는 칼럼을 발견했다. 하지현 건국대 의대 정신과 교수가 중앙일보에 기고한 글인데, 흥미로운 구절을 인용하자면 다음과 같다.

"미국 학자 로저 굴드가 설명하기를, 기분이 좋지 않거나 외로울 때 후회스러운 기억이 떠오를 때는 배가 고프다. 반대로 누군가와 친밀한 감정을 느끼거나 믿음이 생겼을 때는 공복감이 사라진다고 한다. 인간에게는 몸속에 위장 말고 정서와 관련된 '유령 위장'이 따로 있어서 원래 위장이 비었을 때 배고픈 신호가 와야 하는데 이 유령 위장이 신호를 보내 뇌에서 배가 고프다고 인식하게 만든다는 것이다. 즉, 위장은 채워져도 유령 위장은 만족을 못 느껴 포만감이 없고 지속적으로 허기를 느끼는 것이다."

　물론 술로도 이 '정서적 허기'를 채울 수 없다는 것이 필자의 고찰이었다. 나 같은 '비주류'에게는 반가운 글이 아닐 수 없었다.

　진짜 위장의 물리적 허기는 밥으로, 유령 위장의 정서적 허기는 대화와 밥정으로 채워보자. 밥은 서로 모르는 사람들의 마음을 열어주고, 직원과 동료들과 마음을 나눌 수 있게 해준다. 밥은, 술보다 진하다.

# 도움을 받고 싶다면
# 내 손부터 내밀어라

성공의 비결이 있다면, 그것은 타인의 입장을 이해하고
자신과 타인의 입장 모두에서 사태를 판단할 수 있는 능력이다.
헨리 포드

구청장은 새해 벽두부터 바쁘다. 1월 1일 새벽에 시작되는 '새해맞이 행사'가 한 해 일정의 시작이다. 새해 첫날 떠오르는 해를 보며 구의 발전을 기원하는 기념식을 치르고 다음 날 신년 시무식을 끝내면, 곧바로 '주민과의 대화'가 보름 가까이 이어진다. 이 행사는 관내 동을 돌며 주민들을 만나 소통하는 자리인데, 현장에서 주민들의 목소리를 생생하게 들을 수 있는 가장 귀한 시간인 동시에 가장 어려운 시간이기도 하다. 시작하자마자 "새해 복 많이 받으십시오"라는 덕담과 "잘했다" "더 잘해보자" 등 격려가 오가고 나면, 바로 민원이 쏟아져 나와 봇물을 이루기 때문이다. "우리 새마을문고에 책이 너무 모자라요." "우리 동네에도 방범용 CCTV 좀 달아주세요." "체육공원이 너무 좁습니다. 좀더 넓혀주세요."

구청에서 나왔다고 하면 대뜸 호통부터 치는 어르신도 많다.

"공무원들이 말이야, 일을 제대로 해야지 말이야. 그래서 되겠어?"

당장 개선 가능한 사안이라면 "예, 당장 처리해드리겠습니다!"라고 시원히 대답하여 인기라도 높이겠지만, 그렇게 간단한 사안이 거의 없기 때문에 곤란한 경우가 더 많다. 동네별로 이해가 첨예하여 서로 엇갈리는 사안, 구의 재량권을 벗어난 사안, 예산 확보나 시의회 상정 같은 복잡한 절차가 필요한 사안 등에 "당장 답을 내놓으라"고 다그침을 받는, 난감한 상황들이 줄줄이 이어진다.

2009년 새해에도 1월 보름까지 주민들과 대화 행사를 가졌다. 담당 직원은 전년보다도 참여하겠다는 주민이 훨씬 늘어났다고 했다. 이 말이 내게는 "주민들이 '할 말'이 많은 것 같으니 각오를 단단히 하라"는 소리로 들렸다. 아니나 다를까 만만찮은 요구들이 쏟아졌다. 동을 돌 때마다 어려운 숙제 보따리가 눈덩이처럼 불어났다. 행사가 막바지로 가면서 몸과 마음이 지쳐갈 즈음 삼전동 주민과 만나는 날이 왔다.

삼전동도 평소 민원이 폭주하는 동네 중 하나였다. 마치 20킬로그램 쌀가마니를 무등이라도 태운 듯, 두 어깨가 묵직해왔다. 의자에

엉덩이를 붙이자마자 한 주민이 기세 좋게 손을 들었다. 나는 바짝 긴장이 되었다.

‘제발 복잡한 것이 아니면 좋으련만…. 가만 있자, 요즘 삼전동에서 제일 골치 아픈 민원이 뭐였지?’

예상 질문과 모범 답안으로 열심히 만리장성을 쌓던 내게 그분의 우렁찬 목소리가 들렸다.

“청장님! 우리가 무엇을 도와드리면 될까요?”

순간 시간이 멈춘 듯했다. 내 귀가 의심스러울 정도였다.

“어딜 가나 뭘 해달라는 요구만 들으셨을 텐데, 우리가 할 수 있는 일이 있는지 알고 싶습니다.”

긴장은 어느 순간 눈 녹듯 사라졌고, 가슴 속에는 찡 하고 감동이 밀려왔다. 이후 화기애애한 대화 분위기가 이어지면서 어느덧 행사가 끝났다. 그날 “무엇을 도와드릴까요?”라는 그 질문은 2009년은 물론 이제껏 내가 들어본 말 중에 마음이 가장 훈훈해졌던 최고의 덕담으로 남았다.

이 ‘삼전동’ 사건으로 나는 ‘인간관계를 넓히는 법칙’에 한 가지를 추가하게 되었다. 바로 ‘먼저 손을 내밀라’는 것이다. 세상에 도움이 필요하지 않은 사람은 없다. 미국 최고의 경제주간지 〈포브스〉 발행인이었던 말콤 포브스의 날카로운 통찰을 빌자면, 도움이 필요 없다고 말하는 사람들이야말로 도움을 절실히 필요로 한다.

바로 이런 이유로 “무엇을 도와드릴까요?”라는 말은 인간관계의 물꼬를 트는 동시에 상대방을 내 사람으로 만드는 강력한 주문이 된다. 상대방의 어려움을 살피고 먼저 손을 내밀 때 그 사람의 마음이 자연히 따라오는 것이다. 또한 이 말은 성공의 필수조건이라는 인맥을 넓히는 데도 엄청난 위력을 발휘한다.

그런데 요즘 젊은 세대는 확실히 개인주의적 성향이 강해서 '네 일, 내 일'이 분명하다. 특히 남성보다 여성들이 더 독립적인 성향을 보이는 것 같다. 남성들은 군대나 학교 등 여러 단체 생활을 통해 조직적으로 움직이는 반면, 여성들은 개인 단위로 활동하는 분위기 때문인지도 모르겠다. 그리고 도움을 주는 것도 받는 것도 불편해하는 경우가 많다. 하지만 사회생활을 하다 보면 혼자 감당할 수 없는 일이 태반이다. 앞서도 말했지만 잘난 사람이든, 못난 사람이든 도움을 주고받으며 살아가는 것이 인간이다. "내 일만 잘하면 된다"가 통하지 않는 것이다.

먼저 도움을 주는 것은 결국 자신에게 도움이 되는 '공덕'을 쌓는 일이기도 하다. 자신이 베풀었던 도움이 다른 사람을 통해 더 큰 도움으로 돌아오는 것이 세상의 이치다. '한 다리만 건너면 아는 사람'이라는 말처럼, 세상은 좁고 긴밀하게 연결되어 있기 때문이다(어떤 실험 결과에 따르면, 한국 사회에서는 3.6명만 거치면 다 아는 사이라고 한다). 이에 대해 자기계발 전문가인 데일 카네기도 인간관계를 넓히려면 다른 사람에게 진심 어린 관심을 보이라며 이렇게 조언한 바 있다.

"2년 동안 타인의 관심을 끌고자 노력하는 것보다 두 달 동안 주변 사람들에게 진심 어린 관심을 보이는 편이 더 많은 친구를 사귈 수 있다."

인맥에 자신 없는 여성들이 꼭 귀담아두었으면 하는 조언이다.

지금 당장 주변 사람들을 돌아보라. 그리고 도움이 필요한 사람에게 먼저 손을 내밀어보라. 당신의 인간관계지수, 네트워크지수, 성공지수가 껑충 뛰어오를 것이다.

글을 끝낸 지 한참 후에 이런 인도 속담을 발견했다.

"형제를 도와 강을 건너가라. 자신의 배도 강 건너편에 닿아 있을 것이다."

# 아줌마는 슈퍼우먼의
# 다른 이름이다

변화는 고통이다.
그러나 그것은 항상 필요한 것이다.
**토머스 칼라일**

같은 동네에 살면서 알게 된 '골드미스'가 있다. 어느 날 저녁 집에
들어가는데 아파트 주차장 어귀에서 그 골드미스가 심상치 않은 표
정으로 콧김을 씩씩 내뿜는 광경을 보게 되었다.

"내 참, 기가 막혀서. 아니 어디다 대고 아줌마래?"

자초지종을 들어보지 않아도 상황이 그려졌다. 주차 문제로 누군
가와 말다툼이 붙었는데 상대방이 그녀를 '아줌마' 라 부른 것이다.
'아줌마' 라는 말을 들은 것이 못내 분통이 터졌는지, 평소 인사성이

밝았던 그녀는 나를 보는 둥 마는 둥 지나치고 또각또각 구두 소리를 크게 울리며 걸어갔다.

대한민국에 '아줌마' 란 호칭을 달가워하는 여성이 어디 있겠는가. 그 골드미스는 결혼을 하지 않았으니 말할 것도 없겠지만, 30대 중반인 내 딸도 시장 같은 곳에서 누가 "아줌마"라고 부르면 기분이 확 상한다고 한다. 버젓이 아이를 옆에 끼고 있으면서도 말이다. '아줌마' 라는 호칭이 여성들에게 그토록 반감을 유발하는 이유는 무엇일까?

국어사전은 아줌마를 '아주머니를 낮추어 이르는 말' 로 정의한다. 하지만 낮춤말이 문제의 핵심은 아닌 것 같다. 그보다는 대한민국 아줌마가 갖는 전형적 이미지에 대한 거부감이 클 것이다. 뽀글거리는 파마머리로 지하철에서 빈자리가 나기 무섭게 엉덩이를 디밀고 빈자리와 거리가 멀면 가방부터 던지고 보는, 억척스럽고 그악스러운 이미지 말이다.

직장에서도 '아줌마' 라는 신분은 자의든 타의든 암묵적 핸디캡으로 여겨지는 경향이 있다. 언론사에서 일하는 한 후배의 이야기다. 20대 중반, 한창 일에 대한 열정과 의욕으로 넘치던 후배는 어느 날 남자 상사로부터 대단히 불쾌한 소리를 들었다.

"여기자가 일을 아무리 잘해도 결혼해서 애를 낳고 나면…."

당시 후배는 어떻게 그런 성차별적 발언을 하느냐며 펄펄 뛰었다고 한다. 그런데 막상 결혼을 하고 아이를 가지고 보니 그 상사의 말뜻을 절감했다고 고백했다. 맞벌이라 해도 육아와 가사라는 육중한

짐이 주로 여성에게 지워지다 보니 결국 회사의 생산성에 영향을 미치고, 그 사실이 무척 괴롭다는 것이다. 후배는 "마음껏 일하려면 결혼하지 않는 것이 정답인 것 같다"고 말한다.

그런데 세 아이의 엄마로, 평생 일하는 엄마로 살아온 나는 '아줌마' '어머니'에게는 남다른 경쟁력이 있다고 단언한다. 그중에서도 가장 먼저 꼽을 수 있는 경쟁력은 '힘이 세다'는 것이다. 2007년 산업자원부 기술표준원이 발표한 '한국인의 근력 측정 결과'에 따르면, 전 연령대 여성 중 30~40대 주부가 근력이 가장 강한 것으로 밝혀졌다. 가사노동과 육아 등으로 근력이 강화되었기 때문이라는 분석이었다. "여자는 약하다. 그러나 어머니는 강하다"는 빅토르 위고의 명언이 그저 문학적 수사가 아님을 입증하는 것이다.

또 어머니가 되면 인지능력과 주의력, 문제 해결 능력이 훨씬 강화된다. "애를 낳으면 없던 건망증도 생기고 두뇌회전이 영 예전 같지 않다고 하던데…" 하며 의문을 갖는 사람이 있을지 모르겠다. 하지만 이는 과학적으로 입증된 사실이다. 한 신문의 과학칼럼에 실렸던 내용에 따르면, 영국 유력 일간지 〈텔레그래프〉는 2008년 10월 과학계의 연구 결과를 인용하여 "여자는 아기를 임신하고 출산해 엄마가 되는 과정에서 아기를 잘 키울 수 있도록 두뇌기능이 강화된다"고 전했다.

즉, 미국 버지니아 리치몬드 대학 신경과학과 크레이그 킨슬리(Craig Kinsley) 교수 연구팀에서는 〈엄마가 된다는 것(motherhood)〉이 여자에게 미치는 영향〉이라는 논문에서 "여성이 엄마가 되면 아기와 잘 지내면서 외부의 도전에 좀더 적응할 수 있는 능력이 배양된다"고 한다. 다음은 그에 대한 자세한 설명이다.

"임신한 여자는 한때 뇌기능이 저하되지만 이는 일시적 현상이며, 이후에는 아기와 더불어 앞으로 경험할 여러 도전에 맞서 싸울 수 있는 능력이 향상된다. 그런 변화는 남은 인생에 중요한 능력을 미치며, 특히 인식 능력이 향상되고 질병에 대항해 자신을 보호하는 능력도 증가된다."

다시 말하면 아기를 기르면서 기억력이 향상되고 주의력이 깊어지며, 민첩하게 행동하는 능력을 갖춰나가면서 '엄마' 로 진화해간다는 것이다. 이 연구 결과들을 종합하면 아줌마가 된다는 것은 체력과 지력과 탁월한 행동 능력을 겸비한 '슈퍼우먼' 으로 변신한다는 것과 같다.

사실 어머니가 강하다는 것은 굳이 과학적 설명을 인용하지 않더라도 누구나 익히 아는 사실이다. 나는 그 이유를 두뇌가 아닌 다른 곳에서 찾고 싶다. 자식을 키워본 어머니들은 알겠지만, 어머니에게 자식이란 애인과도, 남편과도, 부모와도 다른 특별한 존재다. 그리고 육아라는 것은 배려와 돌봄의 미덕, 소통 능력, 책임감을 기르는 지난한 훈련이다. 인생의 진정한 가치를 일깨워주는 책 《모리와 함께한 화요일》의 정의를 빌자면, "자식을 갖는 것과 같은 경험을 대신할 만한 것은 없으며 우리는 자식을 통해 타인에 대한 완벽한 책임감을 경험하고, 사랑하는 법과 가장 깊이 서로 엮이는 법을 배우게 된다"고 말할 수 있다.

이렇게 '타인에 대한 완벽한 책임'을 경험하고 감당하는 가운데 인생의 쓴맛과 단맛을 맛보게 되고, 그러면서 '어머니'라는 그릇은 더욱 커지고 점점 단단해진다. 그리고 이렇게 담금질한 내공은 조직에서도 대단히 쓸모가 있다. 어머니로서 쌓아온 돌봄과 배려, 인내와 신뢰의 미덕이야말로 오늘날 다양성이 존중되는 지식사회에서 각광 받는 '섬김의 리더십'의 요체이기 때문이다.

이런 이유로 나는 아줌마가 되는 일이 핸디캡이 아니라고 믿는다. 오히려 삶의 균형을 잡고 인내와 신뢰, 배려와 소통의 미덕을 갖춰가는 내공 수련의 스파르타 코스요, 그 어느 코칭 프로그램보다도 우수한 21세기형 리더 양성 코스라고 믿는다. 기왕에 '아줌마 도로'로 들어섰다면, 신나게 달려보자는 이야기다.

# 우물 밖으로 점프하라

새는 알에서 나오려고 싸운다.
알은 곧 세계다.
태어나고자 하는 자는 하나의 세계를 파괴하지 않으면 안 된다.
《데미안》 중에서

황하의 신(神) 하백이 물의 흐름을 따라 처음 바다에 나왔다. 하백은 북해에까지 가서 동해를 바라보며 그 끝이 없음에 놀라 북해의 신 약(若)에게 탄식했다.

"나는 황하가 세계에서 가장 넓고 크다고 여겼는데, 위에는 위가 있는 법인가 보오. 이곳에 안 왔더라면 나는 도리를 아는 사람들의 웃음거리가 될 뻔했구려."

그러자 약이 말했다.

"우물 안에 사는 개구리에게 바다를 이야기해도 알지 못하는 것은 좁은 곳에 갇혀 있기 때문이오. 여름 벌레에게 얼음을 말해도 알지 못하는 것은 그들이 여름밖에 모르기 때문이오. 식견이 좁은 사람에게 도(道)를 말해도 알지 못하는 것은 그들이 상식의 가르침에 구속되었기 때문이오."

_《장자》, 추수편(秋水編)

위 글은 장자가 '정중지와 부지대해(井中之蛙 不知大海, 우물 안 개구리는 큰 바다를 알지 못한다)' 라는 비유로 도를 설명한 대목이다. 우리가 흔히 쓰는 '우물 안 개구리' 라는 말이 바로 여기서 유래했다. 자신이 주름잡는 우물이 세상의 전부인 줄 아는 개구리 말이다. 비슷한 한자성어가 또 있다. 바로 '우물 속에 앉아 하늘 보기' 라는 뜻의 '좌정관천(座井觀天)' 이다. 우물 속 개구리가 아는 하늘은 우물 크기의 하늘이다. 우물이 한 평이면 하늘도 딱 한 평, 우물이 두 평이면 하늘도 딱 두 평이다.

최근 국제무대에서 상을 받는 경사로 체코에 다녀오면서, 나에겐 이 두 고사성어가 더욱 강하게 다가왔다. 우물 안 세상이 전부가 아니며 우물 밖에 더 큰 세상이, 더 큰 기회가 열려 있다는 사실을 새삼 확인했기 때문이다.

2009년 10월 12일 저녁, 필스너 맥주의 고향으로 유명한 체코 필센 시의 파크호텔에서 '2009 리브컴 어워즈(LivCom Awards)' 시상식이 열렸다. 국제비영리기구 ILC가 주관하고 유엔환경계획(UNEP)

이 공인한 '세계에서 가장 살기 좋은 도시'를 뽑는 자리였다. 송파구를 포함해 최종 심의에 오른 전 세계 35개 도시 관계자 1,000여 명의 시선은 연단에 선 사회자의 마이크에 집중되었다. 너도나도 숨을 죽이고 발표를 기다리는 가운데 장내에 낯익은 이름이 울려 퍼졌다.

"Category D, Second Place, Seoul, Songpagu!(카테고리 D, 2위, 서울, 송파구!)"

인구 20~75만 명(D 그룹) 규모의 도시 70여 개 중 송파가 2위 트로피를 거머쥐는 순간이었다. 동시에 전 세계를 상대로 송파가 '유엔이 공인한 살기 좋은 글로벌 도시'라는 사실이 공표되는 순간이기도 했다.

리브컴 어워즈는 전 세계 도시를 인구수 기준으로 5개 그룹으로 나눠 그룹별로 '살기 좋은 친환경 도시'를 선정하는 권위 있는 상이다. 해마다 전 세계 250여 개 도시들이 이 상을 타기 위해 치열한 경쟁을 벌인다. 올해 송파구의 경우 호주의 유명 휴양도시 골드코스트 시티를 비롯하여 같은 그룹 파이널리스트에 오른 4개 도시와 경쟁 PT를 통해 경합한 결과, 중국 쉬롱에 이어 2위를 차지했다. 송파는 물론 대한민국의 브랜드 가치를 올려놓은 쾌거가 아닐 수 없었다. 송파로서는 세계 수준의 문화관광도시로 자리매김할 수 있는 든든한 '보증서'를 얻은 경사이자, 국가적으로는 OECD 회원국들 중 국민들의 삶의 질과 환경적 성과를 재평가 받은 계기였다.

2009년 초 우연히 알게 된 일본의 도시 관계자로부터 이런 국제

상이 있다는 이야기를 듣고 한번 경험이나 해보자며 상에 응모한 것이 그 출발점이었다. 나중에 알고 보니 리브컴 어워즈는 유엔이 공인한 어떤 국제 상보다도 심사가 까다로웠고, 환경 선진국들의 도시들도 몇 년씩 치밀하고 조직적인 준비를 거치고도 서너 번씩 재도전해야 하는, 그야말로 '오르기 어려운 나무'였다. D 그룹에서 1위를 차지한 쉬룽은 중국 중앙정부의 국가적인 지원까지 등에 업고 준비를 해왔다.

준비하는 과정에서 이런 사실이 알려지자 구청 안팎에서는 회의적인 목소리가 흘러나왔다. "해보나 마나 안 될 것" "국제 들러리를 서고 오는 격" 등 의기소침한 분위기였다. 하지만 결과는 예상 밖이었다. 전 세계 전문가들로 구성된 심사위원단은 그동안 송파구가 추진해온 태양광 나눔발전소와 기후놀이터, 최첨단 자전거 무인대여 시스템 등 다양한 친환경 정책과, '함께 살아가는 지역사회'를 만들고자 하는 소통과 통합의 노력에 대해 "21세기형 환경정책의 새로운 벤치마크이자 인간의 얼굴을 한 대도시의 혁신적 모델"이라고 평가했다.

이런 정책들을 생각하고 시행할 수 있었던 것은 다름 아닌 소통과 돌봄, 배려, 창의와 같은 '여성적 가치'가 빚어낸 결과였다고 단언한다. 젊은 여성들에게 우물 밖 세상을 바라보라고 권하는 이유가 여기에 있다. 21세기 새로운 게임의 규칙은 우물 밖에서 세워지며, 이 게임에서는 여성적 가치와 강점이 막강한 경쟁력이 될 수 있기 때문이다.

최근 기업과 정부에서도 '글로벌 마인드'와 '글로벌 리더십'이 필요하다고 한다. 다시 말하면 과거의 방식과 가치, 리더십이 더 이상 통하지 않는다는 의미다. 이런 시대에 여성적 가치와 강점은 글로벌 스탠더드와 찰떡궁합을 이룬다. 환경과 복지라는 21세기형 정책 과제도, 다양성을 수용하는 유연한 관점과 국경을 넘는 커뮤니케이션도 모두 여성적 리더십과 감성, 부드러운 소통 능력이 진가를 발휘할 수 있는 분야이기 때문이다.

한편 우물 밖 세상은 과거와 기존을 뛰어넘는 '신세계'이기도 하다. 새로운 분야일수록 여성이 진입하기 쉽다. 그동안 게임에 참여하지 않았던 여성의 새로운 시각, 소통 방식, 경험을 조합해 막강한 시너지를 발휘할 수 있기 때문이다. 그리고 이 신세계에서는 여성 친화적인 새로운 규칙을 얼마든지 만들고 발전시킬 수 있다. 지구촌이든 혁신이든 우물 밖 세상의 문이 여성들에게 보다 활짝 열려 있다는 이야기다. 경영학 대가인 톰 피터스도 "향후 경제성장의 원동력은 중국도, 인도도, 인터넷도 아닌 여성이다"라고 통찰하지 않았던가.

물론 새로운 시대에 여성적 가치와 강점이 통한다는 말이 곧 여성이라는 이유만으로 빛을 볼 수 있다는 의미는 결코 아니다. 글로벌 시대, 혁신의 시대를 리드하려면 그에 걸맞은 준비가 필요하다. 더불어 자신감도 필요하다. 할 수 있다는 자신감, 없으면 만들고 해보지 않았으면 해보고, 남들이 머뭇거릴 때 선봉에 나설 수 있는 자신감 말이다. 이런 자신감과 과감함이 혁신의 내공을 갖춘 글로벌 플레이어로 성장하는 양분이 된다.

당신의 우물은 몇 평인가? 우물 밖을 보라. 그리고 힘차게 뛰쳐나가라. 그곳에 더 큰 하늘과 더 큰 세상이 펼쳐져 있다.

# 만장일치보다는
# 올바름을 추구하라

자기에게 이로운 것을 무시함으로써 자기에게
이로운 것을 얻을 수 있다.
노자

언젠가 성당에 다니는 친구가 '성당 유머'라며 재미있는 글을 메일로 보내주었다. '어느 본당 신부님의 푸념'이라는 제목이었다.

신부란 이래저래 욕을 먹어가며 살아야 하는가 보다.

강론을 길게 하면 성인군자 같다고 야단이고,

짧게 하면 준비하지 않았다고 야단이다.

목소리를 높이면 강론 시간에 야단친다고 불평하고,

은근한 목소리로 하면 못 알아듣겠다고 불평이다.

성당이나 사제관을 수리하면 돈 낭비한다고 야단이고,

그냥 두면 부실한 성당을 내버려둔다고 야단이다.

신부가 젊으면 경험이 없다고 훈계하러 들고,

늙었으면 어서 빨리 은퇴하라고 야단이다.

여성 신자와 이야기하고 웃으면 그 여자만 좋아한다고 야단이고,

무뚝뚝하게 이야기하면 재미없는 신부라고 야단이다.


나는 신부님도, 천주교 신자도 아니지만 웃음을 터뜨리지 않을 수 없었다. 특히 사제관 수리 대목에 크게 공감했다. 때마침 청사 리모델링 공사를 놓고 '본당 신부님'과 비슷한 고충을 겪었기 때문이다.

구청장이 되어 처음 청사에 들어선 날, 나는 앞으로 해야 할 과제 0순위로 청사 리모델링을 올렸다. 현관을 통과하자마자 중앙에 버티고 서 있는 위압적인 중앙 계단부터 그 계단 아래를 지나 들어가는 행정 사무실을 비롯해, 청사 구석구석 권위적이고 고압적인 분위기가 물씬 풍겼기 때문이다.

구청은 공무원들이 일하는 '사무실'이 아니다. 주민과 행정이 만나는 접점이다. 그런데 '소통의 시대'라는 21세기에 관제 분위기로 가득한 위압적인 관공서라니, 시대착오적인 모습이 아닐 수 없었다. 옷이 사람의 행동을 지배하듯 건물 분위기 역시 그곳에서 일하는 사람들의 태도에 영향을 미치기 마련이다.

이런 이유로 청사를 주민들이 즐겨 찾을 수 있는 친근한 모습으로 탈바꿈시키고자 했다. 철저한 준비 끝에 청사의 전면 리모델링에 들어갔다. 구청에 들어서는 순간 누구나 환영 받는 기분이 들도록 하는 것이 목표였다. 이를 위해 입구에서 현관으로 이어지는 길을 예쁘게 단장하고, 로비는 마치 호텔 로비처럼 방문객이 편하게 머물 수 있도록 수리했다. 편한 의자가 구비된 대기 공간 뒤로는 갤러리를 만들어 오가는 이들의 눈을 즐겁게 하고자 했고, 업무 창구는 은행 상담 창구를 벤치마킹해 주민과 직원이 눈높이에서 소통할 수 있도록 했다. 지하 창고와 사각 공간은 책을 읽으며 편안히 차를 마실 수 있는 문화 공간으로 꾸몄다.

하지만 '관청'의 정의를 다시 쓰는 시도에 대해 공사 기간 내내 반발과 비난이 끊이지 않았다. 구청이 호텔이냐, 구청에 왜 갤러리가 있어야 하느냐, 좁은 구청에 주민들을 위한 공간이 왜 필요하느냐, 예산 낭비다 등 비난에 시달리면서도 리모델링 공사를 계획대로 추진했다.

결국 송파구 청사는 관공서의 문턱을 낮추고 주민들에게 문을 활짝 열어놓은 공간으로 변신하는 데 성공했다. 더불어 '열린 구청' 바람을 일으킨 주역이 되었다. 시도하기도 전에 사람들의 비난과 반발을 두려워했다면 결코 얻을 수 없었을 귀중한 변화였다.

나와 같은 입장이 아니더라도 조직을 관리하고 의사결정을 하는 사람이라면 앞서 인용한 본당 신부님의 푸념을 십분 이해할 수 있을 것이다. 일국의 대통령이든, 중소기업의 팀장이든 리더란 우산 장수와 소금 장수 아들을 둔 할머니 같은 자리다. 비가 오면 소금 장수 아들이 울고, 해가 나면 우산 장수 아들이 울어 곤란한 할머니처럼, 리더는 이해관계가 전혀 다른 사람들 속에서 서로 상충하는 사안을 조율하고 결정을 내리는 입장이다.

하지만 어느 쪽의 손을 들어주더라도 반발은 따르기 마련이다. 날이 가물어 비가 내리길 바라면 소금 장수가 들고 일어서고, 비가 그치길 바라면 우산 장수가 얼굴을 붉히며 달려드는 것이다. 또 세상에는 우산 장수와 소금 장수만 있는 것이 아니다. 짚신 장수, 우비 장수, 냉면 장수, 빈대떡 장수 등 모두가 제각각 목소리를 높이는 세상이다. 리더에게 유연한 귀와 뚝심이 필요한 이유가 바로 여기에 있다.

세상에 당신이 옳지 않다고 말하는 사람은 언제나 존재한다. 당신이 절대적으로 옳을 때조차 반발이 따른다. 따라서 리더는 합리적 비판에는 귀를 열어놓되 감정적 비난은 한 귀로 흘리는 뚝심이 있어야 한다. 그리고 미래를 내다보고 용단을 내렸다면 당장은 욕을 먹더라도 강력한 추진력으로 밀고 나가야 한다. 그것이 리더의 사명이자 사회와 역사를 발전시키는 원동력이기 때문이다. 공자도 일찍이 이렇게 말한 바 있다.

"무엇이 옳은지 보고서도 그것을 행하지 않는 것은 용기의 결핍 혹은 신념의 결핍 때문이다."

훌륭한 리더를 꿈꾼다면 용기와 신념을 '머스트 해브(must have)'
아이템으로 장만해두자. 더불어 제아무리 혹독한 비난도 눈 깜짝하
지 않고 내파해내는 든든한 맷집도 미리 다져두도록 하자.

# 디테일이 비범함을 창조한다

성실하게 하면 일을 완수할 수 있을 뿐이다.
세심하게 해야 비로소 일을 잘 해낼 수 있다.
리쑤리(李素麗)

얼마 전 이른바 '짝퉁백'이 하나 생겼다. 친한 동창 한 명이 중국 여행길에 샀다며 나를 비롯한 지인 몇몇에게 돌린 것이다. 친구는 "오리지널을 능가하는 특 A급"이라는 상인의 선전에, "이 정도쯤 되면 짝퉁이 아니라 가히 짝퉁님"이라는 가이드의 설명까지 보태가며 신바람을 냈다. 하지만 나는 평소 핸드백 들 일이 별로 없고, 명품에 별로 관심이 없어 친구가 준 가방을 옷장 안에 넣어두고는 그 존재를 잊고 있었다.

그로부터 좀 지난 어느 일요일이었다. 텔레비전을 켰는데 한 케이블 방송에서 홈쇼핑 쇼 호스트가 '진품과 짝퉁 구별법'을 알려주면서 마침 옷장 속에 모셔둔 '짝퉁님'을 가지고 설명하는 것이었다. 진품과 어떤 차이가 나는지 궁금한 마음에 얼른 옷장에서 가방을 꺼내 왔다. 쇼 호스트의 설명은 다음과 같았다.

"얼른 봐서는 비슷해 보이죠? 자, 꼼꼼하게 살펴볼까요? 여기 로고를 보세요. 진품은 로고가 끝까지 예리하고 선명하죠? 그러면 가품을 보세요. 거의 뭉개져 있죠? 이제는 지퍼 홀더 가죽 마감이랑 뒷면을 보세요. 진품은 매끈하죠? 가품은 어때요? 네, 이렇게 거칠답니다. 이제는 가방 속을 한번 보세요…."

쇼 호스트의 지시를 따라 '짝퉁님'을 이리저리 살펴보니 가죽 이음새의 박음질이나 가방 안의 가죽 마감, 금속 장식 등 마무리가 하나같이 엉성했다. 더도 덜도 아닌 그야말로 짝퉁이었던 것이다. 쇼 호스트의 설명을 요약하자면 '명품의 차이는 바로 디테일'이라는 것인데, 이 점에서는 수긍이 가고도 남았다. 스티치 한 땀 한 땀의 간격까지 자로 잰 듯 정확하게 맞춰내는 '디테일에의 집착'이야말로 대를 물려 사용해도 멀쩡할 만큼 탁월한 품질을 만들어내는 힘이며, 명품을 값지게 하는 가치인 것이다.

그러고 보니 2009년 5월 한국을 방문한 세계적인 디자이너 미우치아 프라다의 인터뷰 기사가 기억난다. 이탈리아 명품 브랜드 프라다의 대표이자 수석디자이너인 그는 평소 디테일에 어마어마한 공을 들인다고 했다. 프라다 전 제품의 디자인 구석구석을 꼼꼼하게 체크하는 것은 물론, 회사가 파티를 열 때 잔에 칵테일을 담는 수위 (水位)까지 챙긴다는 것이다. 인터뷰에서는 프라다가 우리나라 경복 궁에서 마련한 행사를 위해 통역사, 운전기사, 청소 담당자의 유니 폼까지 치수를 미리 받아 본사에서 모두 만들어왔다는 이야기를 전 하고 있었다. 강박증에 가깝다고 생각될 정도다. 이에 대해 회사 관 계자는 "CEO가 워낙 깐깐하게 디테일을 챙기다 보니 조직 전체가 제품과 업무 과정의 작은 실수도 하지 않는 강점을 얻게 되었다"고 설명했다.

역시 세계적으로 유명한 디자이너 조르조 아르마니도 각종 인터 뷰에서 "비범한 것을 창조하려면 집요할 정도로 가장 작은 디테일까 지 몰두해야 한다"고 설파한 바 있다.

이렇듯 '디테일이 비범함을 창조한다' 는 명품계의 철칙은 업무에 서도 똑같이 적용할 수 있다. 미세한 차이가 명품과 짝퉁을 나누듯, 일을 할 때도 작은 차이가 결과물의 품질을 크게 좌우하기 때문이 다. 그 예로 석촌호수를 들 수 있다. 서울 유일의 호수공원 석촌호수 는 '명품 조깅 코스' 로도 명성이 자자하다. 도심 한복판에서 보석처 럼 빛나는 호수를 끼고 사계절 다른 자연을 감상하며 뛰는 기분이란 '둘이 달리다 하나가 넘어져도 모를' 즐거움이다. 국제 경기장 수준 의 조깅 트랙, 예쁜 표지, 예술적 가로등도 석촌호수 길에 특별함을 더한다. 바닥재 하나, 가로등 색깔 하나까지 꼼꼼하게 신경 써 완벽

하게 조경 사업을 진행한 것이 명품 조깅 코스를 탄생시킨 밑거름이
었다.

이렇게 석촌호수가 단장되기 전인 2006년 어느 날 호수를 돌아보
니 우레탄으로 덮은 조깅 코스가 영 마음에 들지 않았다. 군데군데
길이 패이고 너덜거리는 데다 비만 오면 여기저기에 물웅덩이가 생
겼다. 떨어져나간 바닥재 조각이 호수로 흘러들어 둥둥 떠다니기 일
쑤였다. 이유를 물으니 배수로가 엉망이어서 빗물이 고이고, 우레탄
의 내구성이 떨어져 많은 사람이 걷고 뛰다 보면 금세 망가진다는
것이다.

가만히 두고 볼 수만은 없었다. 석촌호수는 송파구를 대표하는 아
이콘이기 때문이다. 곧바로 석촌호수 정비에 들어갔다. 우선 조깅
코스 바닥재부터 꼼꼼하게 고르도록 했다. 내구성이 강하고 호수에
떨어져도 환경을 오염시키지 않는 친환경 재질을 찾고 또 찾았다.
조경, 토목, 건축, 경관, 사회체육, 환경 등 각계 전문가들과 일반 시
민들에게 수차례에 걸쳐 두루 의견을 구했다. 여기서 추천된 후보
소재는 다시 환경성 시험과 포장재료 품질시험 등 엄정한 테스트를
거치도록 했다. 이 결과 국제육상경기장에서 쓰이는 두께 13밀리미
터의 고무매트가 최종적으로 선정되었다.

공사를 시휘한 담당 부서는 바닥재를 깔기 전에 빗물이 잘 빠지도
록 배수로부터 완벽히 만들었다. 바닥이 들뜨지 않도록 두세 번 작
업하는 것도 마다하지 않았다. 가로등 색깔도 호수 미관을 살릴 수

있는 것으로 고르고 또 골랐다. 이러다 보니 예전 같으면 2개월이면 뚝딱 끝냈을 공사가 1년 가까이 이어졌다. 공사가 길어지자 주민들의 원성이 나오기 시작했다. 불만은 갈수록 거세졌고 민원을 응대하는 부서도 대충 하자는 눈치를 보냈다. 하지만 담당 팀은 서두르지 않고 페인트칠 마감까지 세심히 살폈다.

1년에 걸친 공사가 끝나고 드디어 새 단장한 조깅 코스가 선을 보이자 원성은 곧 탄성으로 바뀌었다. 감사원 공무원으로 공사를 감사하다 퇴직했다는 한 주민은 "평생 많은 공사를 봐왔지만 석촌호수 같은 공사는 평생에 처음이자 명품 중의 명품"이라며 감동의 마음을 담은 메일을 보내왔다. 지금 석촌호수에서는 하루 1만여 명이 이 조깅 코스를 애용한다.

'디테일'을 강조하다 보니 옛 고사가 떠오른다. 중국 양나라에 장승요라는 화가가 안락사(安樂寺)라는 절 벽에 용 두 마리를 그렸는데 한 마리에 눈동자를 그려 넣자 그 용이 홀연히 벽을 차고 하늘로 올라갔다는 이야기다. '화룡점정(畵龍點睛)'이라는 고사성어로 널리 알려진 이 이야기에서 사람들이 잘 기억하지 않는 대목이 있다. 바로 눈동자를 그리지 않은 용은 벽에 그대로 남아 있었다는 부분이다. 모두 같은 화가가 그린 작품이었으나 눈동자라는 디테일, 즉 1퍼센트가 부족했던 용은 다른 용이 생명을 얻어 승천할 때 벽화 안에 머물렀다.

무릇 일을 할 때 '이만하면 되겠지'라는 생각을 마음에서 지우기 바란다. 세상에 무시해도 좋은 사소한 일은 없다는 자세로 1퍼센트도 모자람 없이 완벽을 기하라. 더구나 용을 그리고자 한다면 마지막 눈동자까지도 더 완벽하게 그리고자 노력하라.

# 탁월함은 즐거움에서 비롯된다

자신의 일을 진심으로 사랑하는 사람이라면
그는 이미 성공한 사람이다.
알버트 슈바이처

365일 바삐 돌아가는 일정 때문에 텔레비전은 사실 거의 볼 일이 없다. 하지만 어쩌다 시간이 맞으면 챙겨 보는 프로그램이 있다. 바로 〈생활의 달인〉이다. '수십 년간 한 분야에 종사하며 부단한 열정과 노력으로 달인의 경지에 이른 사람들의 삶의 스토리' 라는 제작진의 설명대로, 대부분 작은 일터에서 열심히 일해 일가를 이룬 서민들이 주인공인데 그 재미와 감동이 만만치 않다.

얼마 전 방영된 내용에서는 '빨래 개기의 달인' 이 등장했다. 전문

세탁대행업체에서 일하는 경력 8년차 정씨 아주머니였다. 빨래 개기야 주부라면 모두 달인이지, 특출할 것이 있을까 싶었는데 막상 방송을 보니 그 아주머니의 빨래 개기는 차원이 다른 것이었다. 제멋대로 뒤집힌 옷 속으로 양 팔을 집어넣은 다음, 단번에 휙 뒤집어 척척 접어내는데 어찌나 손이 빠른지 눈에 보이지 않을 정도였다. 제작진이 타이머를 재보니 산더미처럼 쌓인 운동복 200장을 개는 데 달랑 20분이 걸렸다. 6초에 한 장씩 해결한 셈이다. 갠 모양도 가히 명품이었다. 속옷, 긴팔 티셔츠, 바지 등 한 치의 흐트러짐 없이 자로 잰 듯 각이 딱딱 잡혀 있었다.

정리하기가 까다로운 대형 테이블 덮개는 파트너와 2인 1조가 되어 양쪽을 맞잡은 후 주거니 받거니 접어내는데, 두 사람이 다가섰다 멀어졌다 하는 폼이 꼭 왈츠 스텝을 밟는 것 같았다. 아니나 다를까 그 달인 아주머니 역시 "제가 빨래 춤은 좀 춰요" 하며 활짝 웃어 보이는 것이었다.

바로 그것이다. 아침 8시부터 밤 10시까지 하루 3,000장의 빨래를 개면서도 고달픈 기색 하나 없이 함빡 웃을 수 있는 에너지, 같이 일하는 아주머니들이 혀를 내두를 정도로 속도를 내게 된 비결, 그리고 대한민국 최고의 빨래 개기 실력을 인정받아 동료 중 유일하게 과장 타이틀을 달게 된 동력, 이 모누가 바로 빨래 개기를 흥겨운 춤 동작으로 바꾸어버릴 정도로 자신의 일을 '즐기는' 데서 나온 것이었다.

　방송에 소개되는 달인들의 업종과 기술은 각양각색이지만 각 분야에서 최고가 된 비결은 약속이나 한 것처럼 똑같다. 더 빠르고, 더 정확하게 일할 수 있는 자신만의 방식을 만들어 꾸준히 연습했다는 점이다. 단순 작업을 기계적으로 반복해 손에 익히는 것과는 차원이 다른 이야기다. 그리고 공통점이 하나 더 있다. 바로 신나게 일한다는 것이다. "(내 일이) 남들에게는 하찮아 보일지 모르지만 정말로 보람을 느낀다"는 정씨 아주머니처럼 말이다.

　〈생활의 달인〉은 신바람, 즉 열정이 업무와 삶의 질을 높인다는 사실을 보여주는 살아 있는 교과서다. 일을 즐기면 열정이 샘솟고, 열정은 프로세스를 혁신하며, 혁신은 다시 신바람을 북돋는 선순환으로 이어진다는 사실을 생생히 증명하는 것이다.

　이 진리는 한국 선수 최초로 영국 프리미어리그에 진출한 축구 스타 박지성의 성공 스토리에서도 확인할 수 있다. 그는 자서전에서 "어릴 적부터 너무나 축구가 좋았고, 즐겼고, 즐기다 보니 마지막에 골이 나오더라"고 고백했다. '열정은 평범함과 탁월함을 가르는 마법 같은 힘'이라는 오래된 격언을 새삼 떠올리게 하는 산 증언이 아닐 수 없다.

　나 역시 이 '신바람의 힘'에 증언을 보태고 싶다. 구청장이 된 이후로 빡빡하게 짜여 돌아가는 공식 일정 말고도 돌발적인 일정들이 수시로 생겼다. 조금 과장하면 365일 24시간 대기한다. 또 구청 일은 외교와 국방을 제외하고는 모든 행정이 들어 있는 작은 정부와 같아서 신경 쓸 일도 여간 많지 않다. 내가 여자고, 일 욕심 많고, 구청에서 나이도 가장 많다 보니 지인이나 기자들을 만나면 꼭 "괜찮습니까?"라는 질문을 받는다.

"언제 쉬세요?"

"피곤하시겠어요."

"쉬엄쉬엄 하세요!"

하지만 난 정말이지 조금도 힘들지 않다. 일이 너무 재미있기 때문이다. 내가 사는 도시를 더 나은 곳으로 만드는 일이 정말 재미있고, 행복하고, 힘이 절로 난다. 밤늦게 하기 싫은 공부를 해야 할 때는 눈꺼풀이 천근만근 내려앉지만, 재미있는 소설이나 만화책을 볼 때는 어느새 날이 밝아오는 것과 같은 이치다. 그리고 재미있게 일하다 보면, 성과가 반드시 따르기 마련이다. 이를 오래된 명언으로 바꿔본다면 "자신이 하는 일을 즐기지 못하면 좀처럼 성공하기 힘들다"라고 할 수 있겠다.

문제는 재미있게 일하기가 쉽지 않다는 점이다. 학창 시절 적성보다 성적에 맞춰 대학에 진학하는 경우가 많은 것처럼, 직업을 선택할 때도 취향보다는 취업 가능성을 우선하는 경우가 많아서다. 오죽하면 "좋아하는 일을 업으로 삼는 사람은 전생에 나라를 구했거나, 조상 3대가 덕을 쌓은 사람"이라는 우스갯소리도 있겠는가. 하지만 전생에 나라를 구하지도, 조상의 덕을 입지도 못한 이들에게 전해주고 싶은 이야기가 있다. 자신에게 맞지 않는 일 때문에 하루하루가

지루하고 무의미하게 느껴진다면, 2008년 말 미국 MSNBC 방송에 소개되어 세계적으로 유명인사가 된 노점상 할아버지의 특별한 행복론에 귀를 기울여보자.

주인공은 뉴욕 유니언 스퀘어 한쪽 길모퉁이에서 5달러짜리 감자필러(껍질 벗기는 칼)를 파는 70대 중반의 조 아데스(Joe Ades) 할아버지다. 일주일에 6일, 하루에 10시간씩 길가에 쭈그리고 앉아 감자껍질 깎기에 열중하는 조 할아버지는 100만 원을 호가하는 고급 양복 차림으로 행인들의 눈길을 붙든다. 사람들이 어느 정도 모이면 교양이 철철 넘치는 영국식 악센트로 "세상에서 최고로 좋은 감자필러~, 스위스제 물건이 5달러라니 횡재 중에 횡재~"라고 외치며 가지고 나온 물건을 순식간에 팔아치운다.

탁월한 판매 기술보다 더 놀라운 것은, 이 할아버지가 15세 때부터 행상을 해서 모은 돈으로 세계에서 가장 비싼 주택가로 꼽히는 뉴욕 맨해튼 파크애비뉴에 침실 3개짜리 아파트를 소유하고 있으며, 밤이 되면 고급 레스토랑에서 값비싼 샴페인을 즐기는 부자라는 사실이다. "60년 동안 손으로 모은 푼돈을 우습게 볼 것이 아니다"라는 조 할아버지는 자신의 인생이 지극히 만족스럽다고 한다. "행복의 비밀은 좋아하는 일을 하는 것이 아니라 자신이 하는 일을 좋아하는 것이지요(I think that's the secret of happiness. Not doing what you like, but liking what you do)."

진정 값진 행복의 비밀이자 소중한 성공 비결 아닌가? 때때로 휴가를 가느냐고 묻는 기자에게 조 할아버지는 껄껄 웃으며 이렇게 답했다. "인생이 바로 휴가인 걸요. 날마다 휴가나 다름없지요(Life is a vacation! Everyday is a vacation)."

정 아주머니처럼, 박지성처럼, 조 할아버지처럼 지금 우리가 하는 일에 신바람을 내보자. 매일 밤 다음 날 아침이 휴가의 첫날처럼 기다려지는 '내 인생의 달인'을 목표로 말이다.

# 6개월에 한 번씩 인생을
# 한 줄로 정리해보라

우물쭈물하다 내 이럴 줄 알았지.
조지 버나드 쇼의 묘비명

모르긴 몰라도 한국에서 가장 유명한 묘비명은 영국 극작가 조지 버나드 쇼(1856~1950)의 것이 아닐까 한다. 노(老)작가의 위트가 담뿍 묻어나는 이 명문은 몇 년 전 국내의 한 이동통신사에서 광고로 활용한 이후 다양하게 인용되고 있다. '찰나의 승부'로 불리는 광고에 채택될 만큼 임팩트가 큰 이 묘비명을 나는 오래전 신문에 실린 연극 연출가 오태석 씨의 인터뷰에서 처음 보았다. "연극계 발전을 위해 하고 싶은 일이, 해야 할 일이 너무 많다"던 그는 "버나드 쇼가 말이지, 묘비명에 어영부영하다 이럴 줄 알았다고 적었다는데 내가 꼭 그런 기분이라고. 할 일이 너무 많은데 시간이 아쉬워. 너무 아쉬워” 라고 말했다.

연극계의 거목인 오태석 씨의 인터뷰도 인상적이지만, 그가 소개한 묘비명이 하도 강렬했던 까닭에 나는 그 뒤로 묘비명이라는 장르에 관심을 갖게 되었다. 직접 썼든, 남이 썼든 한 사람의 인생과 가치관을 단 한 줄로 요약해낸 ‘인생의 에센스’를 구경하는 재미가 남달랐기 때문이다. 특히 서양의 묘비명은 유머와 재치가 넘치는 것에서 시니컬한 풍자에 이르기까지 다양하여 읽는 이에게 큰 즐거움을 준다. 작품성이 빼어난 문구도 대단히 많은데 학자들에 따르면 ‘에피그램(epigram)’이라는 문학의 갈래가 여기서 나왔다고 한다.

당연하겠지만 버나드 쇼를 위시한 작가들의 묘비명은 그 자체가 한 편의 작품이다. 19세기 프랑스의 대문호 스탕달은 생전 ‘썼노라, 살았노라, 사랑했노라’라는 비명을 미리 썼다. 아일랜드 출신 시인으로 노벨문학상을 수상한 예이츠의 비에는 ‘삶과 죽음에 차가운 눈길을 던져라. 마부여, 지나가라!’는 멋진 문장이 새겨져 있다. 현존하는 프랑스 최고의 작가로 꼽히는 미셸 투르니에는 ‘내 그대를 찬양했더니 그대는 그보다 백배나 많은 것을 내게 갚아주었도다. 고맙다, 나의 인생이여!’라는 비명을 준비해두었다고 한다.

우리나라 문인들의 비명 중에서도 근사한 것들이 많다. 조병화 시인의 비에는 ‘나는 어머님 심부름으로 이 세상에 나왔다가 이제 어머님 심부름 다 마치고 어머님께 돌아왔습니다'라는, 담담한 고백이 있는가 하면, 박인환 시인의 비에는 '사랑은 가고 옛날은 남는 것'이라며 아련한 문구가 새겨져 있다.

묘비명 중 가장 많은 내용은 한 사람의 업적이나 생의 철학을 뽑은 것이다. 미국 민주주의 초석을 놓은 16대 대통령 에이브러햄 링컨의 비에는 '국민의, 국민에 의한, 국민을 위한 정부'라는 그의 불멸의 명언이자 민주주의를 향한 신념이 새겨져 있다. 발명왕 에디슨의 비에는 '상상력, 큰 희망, 굳은 의지는 우리를 성공으로 이끌 것이다'라는 그의 성공 비결이 담겨 있다. 이순신 장군의 비에 적혀 있는 '필생즉사 필사즉생(必生卽死 必死卽生)'은 죽음을 두려워하지 않고 나라를 위해 몸을 바친 그의 기개를, 김수환 추기경의 비에 적혀 있는 '나는 아쉬울 것 없어라'라는 시편 구절은 김 추기경의 숭고한 삶을 기린다.

그런가 하면 인생의 의미나 희망을 되새기게 하는 주제도 눈에 띈다. 노벨문학상을 받았던 프랑스 소설가 프랑수아 모리아크의 비는 살아 있는 자들에게 '인생은 의미 있는 것이다. 행선지가 있으며 가치가 있다'는 격려를 전하고, 영국의 낭만파 시인 바이런의 비는 '그러나 나는 살았고, 헛되이 살지 않았다'며 살아 있는 자의 분발을 촉구한다. 미국 시인 에밀리 디킨슨의 비는 '돌아오라는 부름을 받았다'는 말로, 프랑스 소설가 모파상의 비는 '나는 모든 것을 갖고자 했지만 결국 아무것도 갖지 못했다'는 말로 언젠가 돌아오라는 부름을 받기 전까지 진정 소중한 것을 먼저 하며 살아가라고 우리들에게 속삭인다. 또 팝의 거장 프랭크 시나트라의 비에는 '최상의 것이 앞으로 올 것이다' 라는 희망을 전하는 메시지가 담겨 있다.

고인에게는 죄송하지만 슬그머니 웃음이 나는 묘비명 시리즈도 많다. 대문호 헤밍웨이는 '일어나지 못해서 미안' 이라며 유머러스한 마지막 인사를 전했다. 기행으로 유명했던 중광 스님은 비문에서 '에이 괜히 왔다' 며 끝까지 해학적인 모습을 견지했다. 일본의 선승 모리야 센얀은 '내가 죽으면 술통 밑에 묻어줘. 운이 좋으면 술통 바닥이 샐지도 몰라' 라는 농담으로 후대에 두고두고 웃음을 선사한다.

묘비명에 관심을 가지다 보니 내 것 네 것을 가리지 않고 그럴듯한 묘비명을 상상해보는 취미도 생겼다. 예컨대 미국 수영 황제 펠프스라면 인터넷에서 회자되었던 유머 '그는 인간의 탈을 쓴 물고기였다' 를 그대로 묘비명으로 삼아도 좋을 듯하다. 내 묘비명으로는 여러 후보들을 생각해두고 있는데, 이를테면 '열렬히 산 그녀, 이제야 눈 좀 붙인다' 같은 것들이다.

그런데 뉴스를 보니 나 말고도 비슷한 사람들이 부쩍 늘었다고 한다. 국가적으로 큰 인물들이 잇달아 세상을 떠나면서 인생을 성찰하려는 목적에서 자신의 묘비명을 써보려는 사람이 많아졌고, 관련 강좌도 늘었다는 것이다. 삶과 죽음이라는 거창하고 철학적인 차원이 아니더라도, 묘비명 상상은 자신의 삶을 객관적으로 점검하는 도구로 꽤 괜찮은 취미인 것 같다. 헤드헌터들이 직장인들에게 이직과 관계없이 6개월에 한 번씩 이력서를 써보라고 조언하는 것과 같은 차원에서다.

이력서가 자신이 어떻게 일하는지, 경력 관리 차원에서 무엇이 부족한지를 체계적으로 분석하는 기회라면 묘비명 상상은 좀더 넓은 눈으로 자기가 어떻게 살아가고 있는지, 어떻게 살아가야 할지를 차분히 응시하는 기회가 될 수 있다. 꼭 묘비명이 아니어도 좋다. 지금껏 당신이 살아온 인생을 한 줄로 정리한다면 무엇이라 적겠는가. 또 10년 후, 무엇이라고 더 써넣을 수 있을지 한번 상상해보자.

# 꿈의 크기가 성공의 크기다

얼마 전 한국여성정책연구원이 흥미로운 연구 결과를 내놓았다. 직장에서 관리자급 직원들이 희망하는 승진 목표를 조사했더니 남녀 간에 차이가 뚜렷했는데 요는 여성이 남성보다 목표치를 훨씬 낮게 잡는다는 내용이었다.

한국여성정책연구원에 따르면 2008년 5월부터 2009년 2월까지 국내 315개 기업에 다니는 관리자급 여성 1,774명, 남성 1,000명을 대상으로 '현 직장에서 오르고 싶은 목표 지위'를 조사했다. 조사 결과 여성 관리자의 경우 '실급관리자까지 오르고 싶다'는 답이 45.1퍼센트로 가장 많았다. 다음은 '지위에 별 관심이 없다'가 21.2퍼센트를 차지했고, 'CEO를 목표로 한다'는 답은 17.4퍼센트에 머물렀다. 이에 반해 남성 관리자들의 경우 절반에 육박하는 44.5퍼센트가 CEO

가 꿈이라고 답했고, 이 뒤를 '실급관리자'(31.8퍼센트), '지위에 관심이 없다'(20.6퍼센트) 등이 이었다.

특기할 점은 실제 승진에 성공한 사람도 남성이 여성보다 훨씬 많았다는 사실이다. 차장에서 부장으로 승진한 비율은 남성이 10.1퍼센트였던 데 비해 여성은 절반 이하인 4.8퍼센트에 그쳤으며, 부장에서 임원에 오른 비율은 남성 2.8퍼센트, 여성 0.9퍼센트로 그 격차가 더 커졌다.

연차가 오를수록 여성들이 유리천장을 절감하게 되면서 꿈의 높이가 줄어든 것일까? 꼭 그런 것만은 아닌 듯하다. 앞서 한 대기업이 한창 패기만만한 신입사원들의 최종 승진 목표를 물었을 때도 여직원 대다수가 '과장'이라고 답했다고 하니 말이다.

여성정책연구원의 조사 결과를 놓고 '꿈의 인풋'이 곧 '결과의 아웃풋'이 되었다고 단언하기는 어렵다. 하지만 한 가지 확실하게 말할 수 있는 것은 꿈의 크기에 따라 성공의 크기가 달라진다는 사실이다. 꿈이 곧 인생의 목표를 찾는 나침반이요, 성공으로 가는 길을 내는 불도저가 되기 때문이다.

앞서도 말했지만 나는 예전부터 머릿속으로 온갖 상상을 펼쳐보는 것이 인생의 큰 즐거움이었다. 어떤 날은 대한민국을 손에 넣고 쥐락펴락하는 여걸이 되었다가, 어떤 날은 노벨문학상의 주인공이 되기도 했다. 크든 작든 내가 상상하는 세상에서는 그 누구도 아닌 바로 내가 중심이었고, 꿈이 정말로 이루어졌다는 가정 하에 여러

가지 할 일을 진지하게 계획하곤 했다. 여성 대통령이 되어 5년 동안 해야 할 'TO DO' 리스트를 구상하기도 하고, 장장 원고지 20매에 달하는 노벨문학상 수상 소감을 써보기도 했다.

물론 그동안 꾸었던 꿈들을 모두 이루지는 못했다. 하지만 머릿속에 그렸던 이런저런 꿈들은 오늘 내가 이 자리에 설 수 있도록 해준 든든한 기반이 되었다. 만일 대한민국의 중심 무대에서 활약하겠다는 꿈을 꾸지 않았더라면, 어머니의 꿈대로 중학교 국어선생님이 되었더라면 나는 지금 내가 소중하게 여기는 여러 성과들을 일구지 못했을 것이다. 이 땅의 여성 후배들에게 "내가 여러분들이 살아가는 데 조금 더 나은 세상을 만드는 일에 일조했다"고, 또 "온 힘을 다해 여풍당당 시대의 도래를 조금 앞당겼다"고 말할 수 있는 값진 보람들을 말이다.

나는 젊은 사람들을 만나면 버릇처럼 장래 희망을 물어본다. 안타까운 것은 꿈이 무엇인지 물을 때 "글쎄요"라는 대답이 의외로 많이 돌아온다는 점이다. 꿈을 생각해본 적이 없다는 젊은이들은 대개 '어떻게 살아야 할지 모르겠다'고 호소한다. 당연한 일이다. 꿈이 없으니 인생에 대한 계획도 없고 무엇을 할지 몰라 헤매는 것이다.

꿈이란 다른 말로 인생의 목표다. 목표가 없으면 계획을 세울 수 없고, 계획이 없으면 무슨 일을 해야 할지 모른다. 인생이 꼭 목표한 대로, 계획한 대로만 가지는 않지만 목표가 이끄는 삶과 무작정 흘러가는 삶은 분명 도착점이 다르다.

이런 이유로 나는 젊은이들에게 꼭 꿈을 가지라고 조언하고 싶다. 또 이왕이면 큰 꿈을 꾸라고 말하고 싶다. 거듭 강조하지만 꿈이 클수록 성과도 크다. 달리 말하면 고봉의 정상을 목표로 하는 사람이 8부 능선에 도달할 확률이 높고, CEO를 꿈꾸는 사람이 승진의 문턱을 넘을 가능성이 높으며, 자신이 하는 일에서 세계 최고가 되고자 마음먹은 사람이 회사 내에서라도 최고가 될 여지가 큰 것이다. 능력이 비슷하다면 결국 그 사람의 꿈의 크기가 결과의 크기를 좌우한다는 이야기다.

여기에 한 가지 덧붙이자면 한 살이라도 어렸을 때 인생의 꿈과 목표를 생각해보라고 권하고 싶다. 꿈이란 오래될수록 그 열망의 강도와 지속성이 커지기 때문이다. 나이가 들수록 현실의 벽은 높아지고 꿈을 이루기 위해 준비할 시간도 줄어든다. 열 살 때 부자가 되겠다는 꿈을 가진 사람과 서른 살이 되어 부자가 되겠다고 마음먹은 사람이 있다면, 당연한 말이지만 전자가 그 꿈을 이룰 가능성이 훨씬 크다.

실제로도 성공한 사람들의 대다수는 어렸을 때부터 큰 꿈을 꾸었다는 공통점이 있다. 에이브러햄 링컨은 어렸을 때부터 대통령을 꿈꾸었다고 한다. 그 꿈이 얼마나 강렬했던지, 그는 대통령이 되기 훨씬 전부터 마치 대통령이 된 듯한 기분을 즐겼다고 한다. 현대그룹을 일으킨 고(故) 정주영 회장은 어린 시절부터 '성공한 사업가'가 되겠다는 꿈을 꾸었고, 아메리칸 드림의 화신이라 불리는 마이크로

소프트의 빌 게이츠 또한 어렸을 때부터 억만장자가 되는 꿈을 꾸었다고 한다.

뜨거운 열망과 할 수 있다는 다짐은 강력한 자기암시가 되며, 이와 같은 자기암시는 힘들고 지칠 때 꿈의 자락을 단단히 붙잡을 수 있는 힘이 될 수 있다.

또 한 번 여풍을 몰고온 텔레비전 드라마 〈선덕여왕〉은 내용도 내용이지만 좋은 대사를 새겨두는 재미도 만만치 않다. 그중 덕만(선덕여왕)의 이런 대사가 있었다. 능력만 놓고 보자면 자신보다 출중한 미실이 왕이 되지 못한 이유를 갈파하는 대사다. "미실이 성골이 아니라서 (왕을) 못한 것이 아니다. 미실은 왕이 될 능력은 있으나 꿈을 꾸지 않아 그 자리에 오르지 못했다. 오로지 꿈꾸는 자만이 계획을 세우고 방법을 찾아낸다."

사회는 발전했고 여성들이 능력껏 일할 수 있는 환경도 점차 나아지고 있다. 하지만 누구에게나 기회가 오지는 않는다. 준비된 자만이 기회를 잡을 수 있으며, 꿈꾸는 자만이 준비할 수 있다.

지금 당장 자신의 꿈을 점검하자. 높이를 올리고 크기를 키우자. 그리고 그 꿈을 이루기 위해 전력해보자. 고개를 넘고 강을 건너 갈대숲을 헤쳐나가다 보면 저 너머 모퉁이에 성공이 미소 짓고 있을 것이다. 여러분의 건투와 건승을 빈다.

**최초는 짧고 최고는 길다**

초판 1쇄 발행 2009년 12월 24일
초판 4쇄 발행 2010년  1월 29일

지은이 김영순
펴낸이 신민식

프로젝트분사 개발3팀 부서장 이부연
책임편집 배민수
제작 이재승 송현주

펴낸곳 (주)위즈덤하우스 | 출판등록 2000년 5월 23일 제13-1071호
주소 경기도 고양시 일산동구 장항동 846번지 센트럴프라자 609호
전화 031-936-4000 | 팩스 031-903-3891
홈페이지 www.wisdomhouse.co.kr
출력 엔터 | 종이 화인페이퍼 | 인쇄 · 제본 영신사

값 12,000원 ⓒ 김영순, 2009
ISBN 978-89-6086-228-9 13320

* 잘못된 책은 바꿔드립니다.
* 이 책의 전부 또는 일부 내용을 재사용하려면
  사전에 저작권자와 (주)위즈덤하우스의 동의를 받아야 합니다.

**국립중앙도서관 출판시도서목록(CIP)**

최초는 짧고 최고는 길다 / 김영순 지음. −고양 : 위즈덤하우스, 2009
p. ; cm

ISBN 978-89-6086-228-9 13320 : ₩12,000

성공전략[成功戰略]

325.04-KDC4
650.1-DDC21                                            CIP2009003971